国家级实验教学示范中心植物学科系列实验教材

普通植物病理学实验

主　编　王生荣　张俊华　冉隆贤
易图永　张铉哲
参　编　杨明秀　李永杰　刘大伟
李焕宇　李会平　甄志先

北京大学出版社
PEKING UNIVERSITY PRESS

图书在版编目(CIP)数据

普通植物病理学实验/王生荣,张俊华,冉隆贤,易图永,张铉哲主编.—北京:北京大学出版社,2013.4

ISBN 978-7-301-22382-6

Ⅰ.①普… Ⅱ.①王…②张…③冉…④易…⑤张… Ⅲ.①植物病理学-实验-高等学校-教材 Ⅳ.①S432.1-33

中国版本图书馆CIP数据核字(2013)第074239号

书　　名:普通植物病理学实验

著作责任者:王生荣　张俊华　冉隆贤　易图永　张铉哲　主编

责 任 编 辑:张　敏

标 准 书 号:ISBN 978-7-301-22382-6/S·0025

出 版 发 行:北京大学出版社

地　　址:北京市海淀区成府路205号　100871

网　　址:http://www.pup.cn　新浪官方微博:@北京大学出版社

电 子 信 箱:zpup@pup.cn

电　　话:邮购部62752015　发行部62750672　编辑部62765014　出版部62754962

印　刷　者:北京大学印刷厂

经　销　者:新华书店

787mm×1092mm　16开本　9.75印张　200千字　彩插2

2013年4月第1版　2013年4月第1次印刷

定　　价:24.00元

国家级实验教学示范中心植物学科系列实验教材编写委员会

主　任　张宪省（山东农业大学）
　　　　吴伯志（云南农业大学）

副主任　李　滨（山东农业大学）
　　　　崔大方（华南农业大学）
　　　　杨立范（北京大学出版社）

委　员　（按姓氏笔画排列）
　　　　张宪省（山东农业大学）
　　　　吴伯志（云南农业大学）
　　　　项文化（中南林业科技大学）
　　　　李　滨（山东农业大学）
　　　　李保同（江西农业大学）
　　　　杨立范（北京大学出版社）
　　　　杨学举（河北农业大学）
　　　　肖建富（浙江大学）
　　　　张金文（甘肃农业大学）
　　　　陈建斌（云南农业大学）
　　　　邹德堂（东北农业大学）
　　　　周　琴（南京农业大学）
　　　　崔大方（华南农业大学）
　　　　彭方仁（南京林业大学）
　　　　蔺万煌（湖南农业大学）
　　　　燕　玲（内蒙古农业大学）

前　言

普通植物病理学实验作为国家级实验教学示范中心植物学科系列实验教材的一部，其主要实验内容以普通植物病理学的教学内容为主，也参考了农学专业、种子专业、园林专业、林学专业开设的“植物病理学”、“林木病理学”、“园林植物病理学”、“园艺病理学”、“果树病理学”等课程的总论部分的教学内容，旨在帮助学生掌握和理解植物病理学的基础理论知识、掌握基本实验操作技能。实验分上、下篇编写，上篇为病原学实验，包括植物病害的症状识别，病征特征观察和各种病原微生物的形态特征观察，目的是使学生了解和掌握主要病害症状和病原物鉴定特征，为病害的田间识别诊断打下一定基础；下篇为基本技术实验，包括有关植物病害室内诊断技术，标本采集制作技术，病原菌分离培养技术，病害侵染、流行、病害调查和药剂筛选的基本研究技术和方法，目的是提高学生观察、思考和分析问题的能力，锻炼学生在生产实践中进行一些病害调查、监测和防治，培养动手操作能力，以提高应用性人才培养的针对性。

随着本科专业教学计划、教学时数的不断改革调整及全国南北种植制度和病害的主要种类的差异，各校、各专业的课堂教学也都各有侧重。随着生物科学的不断深入研究，其研究手段和方法也在不断改进。许多新的研究技术和方法不断被应用到植物病理学的研究领域，初学者不但要认真学好和掌握植物病理学实验所需的基本功，还应该了解和掌握一些新技术、新方法的应用，以便在今后进一步深入学习和研究工作中得心应手，因此本实验中也介绍了电子显微镜（扫描）在植物病理学中的应用，PCR 等基本分子生物学手段在植物病理学中的应用等新技术。有条件的院校可在本科教学中进行实验，没有条件的可以供感兴趣的同学参考。因此本指导书可以作为研究生学习期间参考和今后走上工作岗位的一本主要手册。列入书中的实验项目和实习材料也较多，各校可根据教学计划和上课专业选择合适的实验内容进行教学。

本书是在国家级实验教学示范中心植物学科组的领导下，由北京大学出版社组织全国农林植物类教学示范中心的院校集体讨论编写。感谢甘肃农业大学、东北农业大学、河北农业大学、湖南农业大学等院校领导、教务处、教学示范中心及学校老师的大力支持；也要感谢本书编辑北京大学出版社的张敏老师对本书组织编写、审读加工所付出的辛勤劳动。全书共包括 43 个实验项目，其中：前言，实验 1，9～11，30，32，33，40，42，43 由甘肃农业大学王生荣编写；实验 12～13 由甘肃农业大学李焕宇编写；实验 6～8 由河北农大李会平编写，15，16 由河北农大甄志先编写，17，18，31 由河北农业大学冉隆贤编写；实验 26～28 由东北农大刘大伟编写，实验 19～25，36～38 由东北农大张俊华编写；实验 2～5，29 由湖南农业大学易图永编写；实验 14，34，35，39，41 由东北农业大学张铉哲、杨明秀和李永杰编写。全书最后由王生荣统稿，彩色照片均由王生荣提供。

实验内容和插图参考了大量文献和前人的论著，引用文献在本书参考文献一栏中逐一进行了收列，在这里再次表示诚挚的感谢。

由于编者水平有限，加之时间仓促，错误和不足之处在所难免，敬请同行和读者提出宝贵意见，以期进一步修改完善。

王生荣

2012 年 9 月

目　　录

上篇　病原学实验

下篇　基本技术实验

上　篇

病原学实验

实验 1 植物病害的症状观察

【实验目的】

通过观察不同病害标本，学习什么是症状，什么是病征，什么是病状，了解病害症状在病害鉴定和诊断中的作用。

【实验原理】

寄主植物受到病原物的侵染或非生物因子的影响，经过一系列的病理变化过程，表现在生理生化、组织结构，最后在外部形态上出现有别于正常植株的病变，称为植物病害的症状。症状是认识和诊断病害的基础。为了便于掌握和识别病害，一般把症状分为两个方面：病状（symptom）和病征（sign）。

1. 病状类型

病状是指寄主植物受到病原物的侵染或非生物因子的影响而表现出的不正常状态。为了便于描述，人为地将植物病害的病状分为五大类。

(1) 变色

变色（discolor）是指植物发病后色泽发生改变，是病毒引起的病害中的常见症状之一。一种是叶片或植株均匀变色，表现为褪绿和黄化；另一种是不均匀变色，出现深绿和浅绿相间的花叶，黄色和绿色相间的花脸；此外，还有斑驳、条纹、条点、沿脉变色、明脉等（图 1-1）。

(1) 马铃薯花叶病　　(2) 烟草花叶病

图 1-1　花叶症状

(2) 坏死

坏死（necrosis）是指植物发病以后其细胞和组织的局部死亡，主要有叶斑和叶枯、猝倒、溃疡等。根据形状，分为圆斑、角斑、条斑、蛇眼、环斑、轮纹斑等；根据颜色，可分为黑斑、褐斑、灰斑、紫斑和白斑等；根据大小，可分为大斑、小斑。一般把果实和枝条上的坏死称为疮痂或溃疡斑；幼苗近地面茎组织坏死，引起突然倒伏的现象，称为猝倒病（damping off）；如果叶片中央坏死，病斑外围的组织形成离层，使病斑从健康组织中脱落下来，就形成穿孔。

(1) 大麦条纹病　　(2) 玉米大斑病

图 1-2　坏死症状

(3) 腐烂

腐烂(rot)是指植物发病后其细胞和组织较大面积的消解和破坏。坏死和腐烂有时很难区别,要认真观察。一般来说,腐烂是指植物组织受到较大面积的破坏,细胞间中胶层离析,组织崩溃,而坏死则多少保持原有组织和细胞的轮廓。根据腐烂后的质感,分为干腐、湿腐和软腐;根据腐烂的部位不同,又可分为根腐、基腐、茎腐、果腐、花腐和穗腐等。

(1) 杏褐腐　　(2) 大白菜软腐病

图 1-3　腐烂症状

(4) 萎蔫

萎蔫(wilt)是指植物的输导组织受到阻塞或失水而发生的膨压降低,枝叶萎垂的现象。侵染性病害引起的萎蔫一方面是由于病原菌产生的毒素毒害导致的失水现象;另一方面,由于寄主产生的主动抵抗机制,如侵填体等和病原菌的小孢子等的直接阻塞导致的萎蔫,这些病理萎蔫一般都是不可逆的。

(1) 辣椒疫病　　(2) 西瓜枯萎病

图 1-4　萎蔫症状

(5) 畸形

畸形(malformation)是植物受侵染和产生激素的刺激而表现的异常生长现象。一是局部或部分器官的促进性生长，细胞分裂加快，数量增多，导致叶片和器官增大、增厚和局部肿瘤；另一方面，由于抑制性生长，导致生长发育不良，造成植株矮缩、矮化、小叶、小果、卷叶、蕨叶、扁枝、花变叶等。

(1) 玉米丝黑穗病　　(2) 玉米瘤黑粉病

图1-5　畸形症状

2. 病征类型

病征(sign)是指在发病植物部位形成的病原物的各种结构特征。它是肉眼可见的病原物结构，识别各种不同类型的病征，对病害诊断很有帮助，如有锈粉状物可以诊断为锈病等。但并不是所有的植物病害都有病征，有的病害既有病状又有病征，如大多数菌物和细菌病害；有的病害，如病毒病害一般只有病状没有病征。在有病征的病害中菌物性病害的病征特征是粉状物、霉状物、小黑点等较为明显，而细菌性病害的病征主要是菌胶粒或细菌溢。

(1) 粉状物

粉状物是指引起植物病害的某些菌物在病部形成一定量的产孢结构和孢子所表现出来的特征。根据着生部位、形状及颜色，可以进一步分为以下4种。

① 黑粉状物：着生在被破坏的植物穗部、籽粒内外、叶及叶鞘组织内及形成的肿瘤内部，形成大量黑粉，特征显著，是黑粉病所特有的病征，如玉米瘤黑粉、小麦散黑穗、水稻粒黑粉等。

② 白粉状物：初期在植物表面长出灰白色绒状霉层，以后产生大量白色粉状物(分生孢子)是白粉病的主要病症，如小麦白粉病、瓜类白粉病、月季白粉病等。

③ 锈粉状物：是大多数锈病所特有的病征。在植物表皮下形成，使表皮隆起呈疱状，表皮破裂后散出大量颜色略有差异的锈粉状物，据此可识别为锈病，如小麦锈病、玉米锈病、杨树锈病等。

④ 白锈状物：是植物白锈病产生的特有病征。类似锈状物，但呈白色。也注意与白粉状物的区别。

(2) 霉状物

霉状物由各种菌物的菌丝、孢子梗及孢子所构成，是植物病原菌物病害常见的病征。霉层的颜色、形状、大小、结构、疏密质地等方面的差异，标志着病原菌物的种类不同，也是识别和诊断的依据之一。

① 霜霉状物：霉层下部较稀疏而上部密集交叉，着生于叶片背面，呈灰色、灰白色霜状，如十字花科霜霉病，也有紫色至黑色霉层，如黄瓜霜霉病。

② 绵霉状物：是指病部产生的大量白色、均匀的霉层，有的绒丰满如棉絮状，有的细密平展，

有的则稀疏。常伴随有腐烂症状，如瓜类绵腐病。

③ 灰霉、青霉、绿霉：是根据霉层颜色命名的，青霉、绿霉一般都是青霉病菌所表现的病征。多发生在果实、块茎等腐烂部位，如柑橘青霉病。灰霉则是灰葡萄孢菌(*Botrytis*)侵染植物后所表现的病征，病部霉层致密，鼠灰色，如西葫芦灰霉病。

此外还有许多无性菌类引起的病害，在气候潮湿时，在病部产生不太明显的霉状物，颜色呈灰色、褐色、黑色等，统称为霉层，如玉米大斑病。

(3) 点状物

点状物是很多病原菌物繁殖器官的特征，颜色由浅到深，多数呈褐色或黑色。不同病害所形成的点状物的形状、大小、凸出表面的程度、分布特点、疏密程度各不相同。如杨树白粉病的小黑点散乱分布在叶片表面，而苹果果实炭疽病则在发病部位排列成轮纹状的黑色小点，苹果腐烂病内外子座形成的黑点排列不规则。

(4) 颗粒状物

颗粒状物主要是指形成的菌核。是由菌丝丛横交结而形成的一种致密的组织结构，呈颗粒状，其大小差异很大，有的形成于表面部位，有的形成于茎秆髓腔中，如向日葵菌核除了在茎基部形成外，还可以在花盘上形成，常见的有油菜菌核病、水稻小菌核病等。

(5) 绳索状物

绳索状物是菌物菌丝平行交结而形成的一种致密的组织结构，呈绳索状，紫色或白色。又称为菌索，如苹果紫纹羽病、白绢病等。

(6) 脓状物

脓状物是细菌性病害的一个主要病征。大多数植物细菌性病害在病部表面溢出含细菌菌体的液滴，呈黄色。如果液滴干燥后成菌胶粒，若弥散在叶片表面，干燥后形成一层薄膜状的菌膜，是识别细菌性病害的依据之一，如黄瓜细菌性角斑、大白菜软腐病等。

【实验材料】

各种病害症状蜡叶标本、液渍标本或新鲜标本。

甘蓝根肿病(*Plasmodiophora brassicae*)，马铃薯癌肿病(*Synchytrium endobioticum*)，白菜白锈病(*Albugo candida*)，番茄脐腐病生理性病害，油菜菌核病(*Sclerotinia sclerotiorum*)，玉米黑粉病(*Ustilago maydis*)，小麦腥黑穗病(*Tilletia foetida*，光腥)、(*Tilletia caries*，网腥)，小麦条锈病(*Puccinia striiformis*)，柑橘青霉病(*Penicillium italicum*)，柑橘疮痂病(*Elsinoe fewcetti*)，玉米小斑病(*Bipolaris maydis*)，番茄早疫病(*Alternaria solani*)，菜豆炭疽病(*Colletotrichum lindemuthianum*)，柑橘溃疡病(*Xanthomonas citri*)，桃穿孔病(*Phyllosticta persicae*)，烟草(蕃茄)根结线虫病(*Meloidogyne* spp.)，枣疯病(Jujube witches'broom, Phytoplasma)，番茄蕨叶病(*Cucumber mosaic virus*)，黄瓜霜霉病(*Pseudoperonospora cubensis*)，水稻白叶枯(*Xanthomonas oryzae* pv. *oryzae*)，黄瓜细菌性角斑病(*Pseudomonas lachrymans*)。

【实验设备及用品】

放大镜。

【实验步骤】

认真阅读课本和实验指导，理解各种症状类型的划分，结合所观察的标本，仔细观察实验中所放的每一种标本，从外部形态变化、颜色、大小形状、质地表述症状特点，归纳它们各属于哪种症状类？还可以细分为哪些种类，如腐烂中的根腐？茎腐？软腐？干腐？等等。同时，注意观察发病部位有无霉层、颗粒状物、点状物，如果有病征，病征应该属于哪一类，哪些病害没有病征？

选择上述病害标本中的10种的发病部位、病状类型和病症类型，将观察结果填于表1-1中。

表1-1 植物病害症状观察表

序 号	病害名称	发病部位	病状类型	病症类型

【注意事项】

(1) 在对植物病害症状观察时，要认真、仔细、全面观察发病植物在形态、组织结构、颜色、质地和气味等方面的症状特点，同时注意症状的动态发展过程，注意植株不同生育期和不同器官上的表现。例如谷子白发病，在谷子五个不同生长阶段表现为五种不同症状，从苗期到成熟期分别为灰背、白尖、枪杆、白发和看谷佬或刺猬头。

(2) 植物病害的症状常受到多种因素的影响而发生变化，不同的病害可以出现相似的症状，如白锈病和霜霉病都可以引起十字花科花苔肿大的“龙头拐”症状，出现同症现象；有时同一株植物也常同时感染两种以上的病原物，出现并发症，如马铃薯受到PVX和PVY复合侵染后，表现出不同的第三种症状皱缩花叶；另外，环境条件适宜时，病害发展快，症状表现典型，不适宜时，病害发展慢，症状不典型，甚至出现症状暂时消失的情况(隐症现象)。这些都要在实际诊断和识别病害时认真考虑。

(3) 症状描述需要用术语表达，语言要准确、精炼、形象。由于蜡叶标本往往会发生颜色变化，要结合其他参考书或彩色图谱观察，以做到准确无误。

作业及思考题

(1) 植物病害的主要特征是什么？

(2) 症状在病害诊断上有什么作用？

实验 2 菌物一般形态的观察

【实验目的】

通过观察，熟悉菌物的营养体及其变态、繁殖体的基本形态，认识菌物有性繁殖和无性繁殖产生的各种类型孢子，为以后菌物病害的病原物鉴定和病害诊断奠定初步基础，并初步掌握徒手切片、制片和绘制病原菌草图技术。

【实验原理】

菌物(fungus)一词的拉丁文 Fungus 原意是蘑菇。菌物是生物界中很大的一个类群，按2008 年出版的《菌物词典》第 10 版分类系统，将菌物界划分 7 个门：壶菌门(Chytridiomycota)、芽枝霉门(Blastocladiomycota)、新丽鞭毛菌门(Neocallimastigomycota)、球囊菌门(Glomeromycota)、接合菌门(Zygomycota)、子囊菌门(Ascomycota)和担子菌门(Basidiomycota)，下分 36 纲、140 目、560 科、8283 属、97861 种。菌物的分布很广，有一部分可寄生在动物和植物体上引起菌物病害。在植物病害中，菌物病害的数量最多。作物上常见的病害，如黑粉病、锈病、白粉病和炭疽病等，都是菌物寄生引起的。不同菌物菌丝结构不同，一般低等菌物的菌丝是无隔菌丝，而高等菌物则是有隔菌丝，同时不同菌物繁殖产生的孢子类型不一样，从而成为鉴定菌物种类的主要方法之一。

【实验材料】

各种病原菌物的平板培养物、玻片标本。根据当地的病害发生情况进行调整。

【实验设备及用品】

显微镜，幻灯机，投影仪，计算机及多媒体教学设备；灭菌培养皿，载玻片，盖玻片，木板，酒精灯，火柴，浮载剂(蒸馏水和乳酚油)，挑针，镊子，单面刀片，擦镜纸，吸水纸，无菌水等。

【实验步骤】

1. 菌物的菌丝体及其变态和菌组织

(1) 菌物的营养体观察

菌物营养生长阶段的结构统称为菌物的营养体。菌物典型的营养体是丝状体，少数为单细胞。单根丝状的营养体称为菌丝，许多菌丝在一起就称为菌丝体。

① 无隔菌丝丝(non-septa hypha)：用挑针挑取在培养皿内的辣椒疫霉病菌(*Phytophthora capsici*)或者瓜果腐霉病菌(*Pythium aphanidermatum*)的菌丝体，用蒸馏水或乳酚油作浮载剂，制临时玻片镜检，观察菌丝是否有无隔膜？菌丝体直径变化是否明显？菌丝的颜色是什么？

② 有隔菌丝(septa hypha)：用挑针挑取在培养皿内的立枯丝核菌(*Rhizoctonia solani*)或者稻瘟病菌(*Magnaporthe oryzae*)的菌丝体，用蒸馏水或乳酚油作浮载剂，制临时玻片镜检，观察菌丝是否有无隔膜？菌丝体直径变化是否明显？颜色有无差别？

(2) 菌物营养体的变态

菌物营养体在一定条件下形状可发生改变而形成特殊的结构，这些变态是菌物适应性的表现。主要的变态有吸器、假根、附着胞、菌环和菌网等。

① 吸器(haustorium)：专性寄生菌的菌丝长出的，伸入寄主细胞内高效吸收营养的小突起。有球状、指状、掌状和丝状等类型，如图 2-1。观察小麦白粉病菌(*Blumeria graminis*)和白菜霜霉病菌(*Peronospora parasitica*)的吸器形态，也可用小镊子撕取病叶的表皮，制临时玻片放在显微镜下观察，注意吸器的形状和在细胞内的位置。

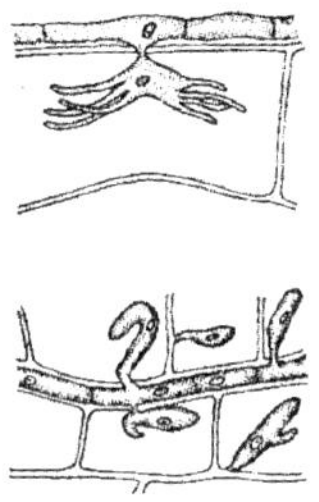

图 2-1　吸器的形态

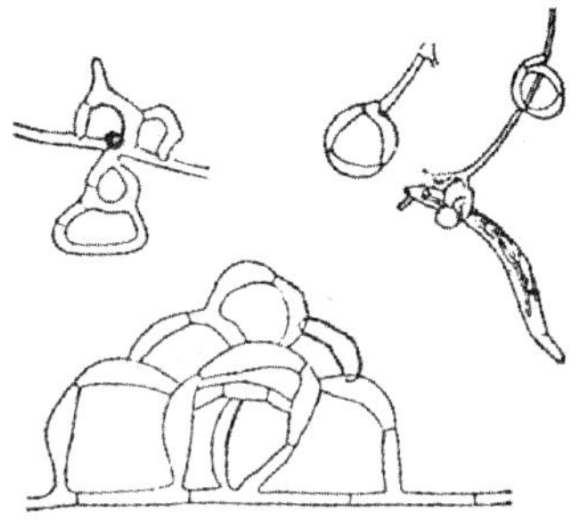

图 2-2　菌环示意图

② 假根(rhizoid)：有些菌物的菌丝体长出的根状菌丝，可以深入基质内吸取养分并固着菌体，如根足霉、芽枝霉等。从培养皿内的培养基上挑取甘薯软腐病菌(*Rhizopus stolonifer*)制片，镜检，观察在孢囊梗基部的假根。

③ 附着胞(appressorium)：菌物孢子萌发形成的芽管或菌丝顶端的膨大部分，功能是牢固地附着在寄主体表，其下方产生侵入钉穿透寄主植物的角质层和表层细胞壁。

④ 菌环(constricting)和菌网(network loop)：某些捕食性菌物的菌丝变态成环状或网状，用于捕捉其他微小生物，如线虫、草履虫等，如图 2-2。

(3) 菌组织

高等菌物的有隔菌丝体密集地纠结在一起，形成的具有一定功能的结构叫菌组织。菌组织的作用是形成产孢结构和特殊结构。菌组织分疏丝组织和拟薄壁组织两类，其作用是抵抗不良的环境条件，有利于传播、固着吸收和繁殖。主要的菌组织有菌核、子座、根状菌索等。

① 菌核(sclerotium)：是菌丝体的菌丝纠结而成的坚固的颗粒状休眠体。观察小核菌属(*Sclerotium*)的菌核切片及标本，以及水稻和油菜上菌核的标本。比较两种菌核的大小、形状和色泽有何不同。

② 根状菌索(rhizomorph)：许多菌丝体平行生长并纠结成绳索状，称为根状菌索。在示范镜下观察苹果或甘薯紫纹羽病菌的根状菌索。

③ 子座(stroma)：由菌丝体或由菌丝体和寄主组织共同组成的着生于实体的垫状物。在子座上形成无性或有性孢子。在显微镜下观察麦角病菌(*Claviceps purpurea*)头状子座的切片，注意其内部结构与菌核有何区别，或镜检豇豆煤霉病菌(*Cercospora cruenta*)的垫状子座。

2. 菌物的繁殖体

菌物产生孢子的结构称为子实体。菌物孢子的形态特征是鉴定和分类学上重要的依据。菌物的孢子可分为无性孢子和有性孢子两类。

(1) 无性孢子

无性孢子是指菌物无性繁殖过程中产生的各种孢子。这类孢子在形成过程中没有经过任何性结合的过程。

① 游动孢子囊(zoosporangium)和游动孢子(zoospore):卵菌的无性繁殖器官是孢子囊。大多数鞭毛菌孢子囊可释放出具鞭毛,在水中能游动的孢子,即游动孢子,故其孢子囊又称为游动孢子囊,如图 2-3(1)。挑取水霉菌(*Saprolegnia* spp.)、绵霉菌(*Achlya* spp.)或疫霉菌(*Phytophthora* spp.)在水中的培养物,制作临时切片,注意观察菌丝有无分隔、孢子囊的形态、游动孢子的形成以及释放过程,游动孢子休止后的形态,注意孢囊梗与菌丝有无区别。

② 孢子囊(sporangium)和孢囊孢子(sporangiospore):接合菌门菌物的无性繁殖器官是孢囊孢子,如图 2-3(2)。挑取根霉菌(*Rhizopus* spp.)、毛霉菌(*Mucor* spp.)、犁头霉菌(*Absidia* spp.)的培养物,制作临时切片,镜检孢子囊和孢囊孢子。注意观察孢子囊的结构、囊轴、孢囊梗、假根及匍匐丝和孢囊孢子形态特征。

③ 分生孢子(conidium conidiospore):半知菌菌物和子囊菌的无性世代繁殖都可产生分生孢子,如图 2-3(3)。分生孢子的色泽、形态变化较大,从无色至深色、单胞到多胞,并具多种形态。分生孢子着生在分生孢子梗(conidiophore)上,分生孢子梗有色或无色,散生或聚生,或着生在分生孢子盘或分生孢子器内。

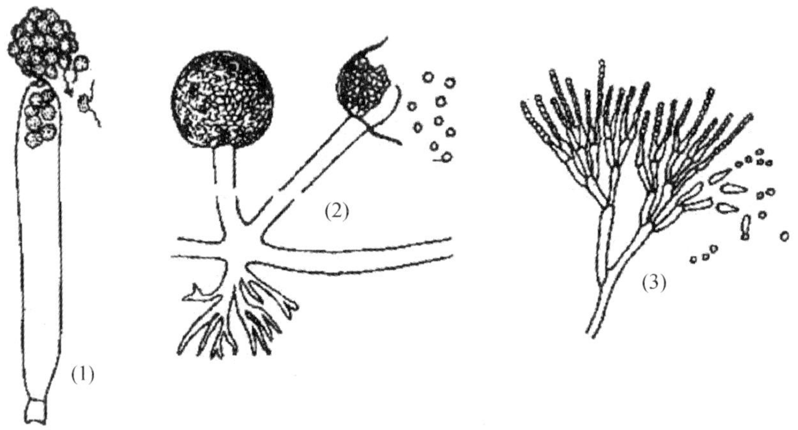

图 2-3 无性孢子

(1) 游动孢子;(2) 孢囊孢子;(3) 分生孢子

采用挑、刮或切片的方法,观察玉米小斑病菌(*Bipolaris maydis*)、花生黑斑病菌(*Cercospora arachidzcola*)、小麦白粉病菌(*Odium monilioides*)、柑橘青霉病菌(*Penicillium italicum*)、棉花黄萎病菌(*Verticillium dahliae*)、稻瘟病菌(*Magnaporthe oryzae*)、马铃薯早疫病菌(*Alternaria solani*)等病害标本,注意观察其分生孢子的颜色,有隔或无隔,隔膜的类型及其形态,分生孢子梗的形态,是否分枝及分枝的类型、颜色,着生位置等;若着生在分生孢子盘或分生孢子器内,注意观察分生孢子盘或器的形态。

④ 厚垣孢子(chlamydospore):又称厚壁孢子,如图 2-4。由菌丝中个别细胞膨大,细胞壁加厚而形成的一种孢子。厚壁孢子对不良环境的抵抗能力较强。

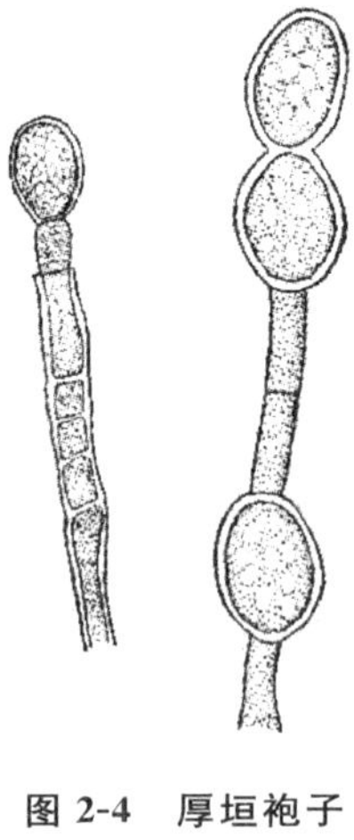

图 2-4 厚垣袍子

挑取棉花枯萎病菌(*Fusarium oxysporum*)的培养物制片、镜检,观察厚垣孢子的形状、颜色和壁的厚度。菌丝或孢子中个别细胞膨大、细胞壁加厚的孢子即厚垣孢子。

(2) 有性孢子

菌物有性生殖产生的孢子是由两个有亲和力的性细胞结合后发育形成的,包括休眠孢子囊、卵孢子、接合孢子、子囊孢子和担孢子。

① 休眠孢子囊(hypnosporangium):挑取玉米褐斑病菌(*Physoderma maydis*),镜检观察休眠孢子囊形态。

② 卵孢子(oospore):是卵菌产生的有性孢子,常由形态,大小不同的雌、雄性器官交配形成。卵孢子通常形成于藏卵器内,每个藏卵器内可包含 1 至多个卵孢子,其数目因卵菌的种类不同而异,如图 2-5(1)。

挑取水霉(*Saprolegnia* sp.)或绵霉(*Achlya* sp.)的菌丝团、腐霉菌(*Pythium* sp.)或疫霉菌(*Phytophthora* sp.)的培养物制片、镜检。

取水稻、小麦、大麦、玉米等的霜霉病(*Sclerophthora macrospora*)病组织做徒手切片。滴一滴乳酚油于载玻片上,挑几块切片于乳酚油中,在酒精灯火焰上微微加热,使病组织透明,盖上盖玻片、镜检,观察卵孢子形态。观察藏卵群的形态、色泽、壁光滑或有饰纹、雄器形态及其位置、卵孢子形态、每个藏卵器内卵孢子的数目、卵孢子是否充满藏卵器。

③ 接合孢子(zygospore):接合菌门菌物产生的有性孢子,由两个形状和大小相似的雌、雄配子囊结合而成,如图 2-5(2)。

挑取根霉(*Rhizopus* sp.)、毛霉(*Mucor* sp.)或梨头霉(*Absidia* sp.)正、负菌株在 PDA 培养基上交配 7～10 d 后的培养物制片、镜检,观察接合孢子的形状,表面的饰纹、色泽、配囊柄的形状,有无丝状附属物。

④ 子囊孢子(ascospore):子囊菌门菌物的有性孢子,产生在子囊内。子囊孢子有色或无色、单胞或多胞,具多种形状。子囊通常棍棒状,有的近球状,散生或着生在一定形态的子囊果内,如图 2-5(3)。

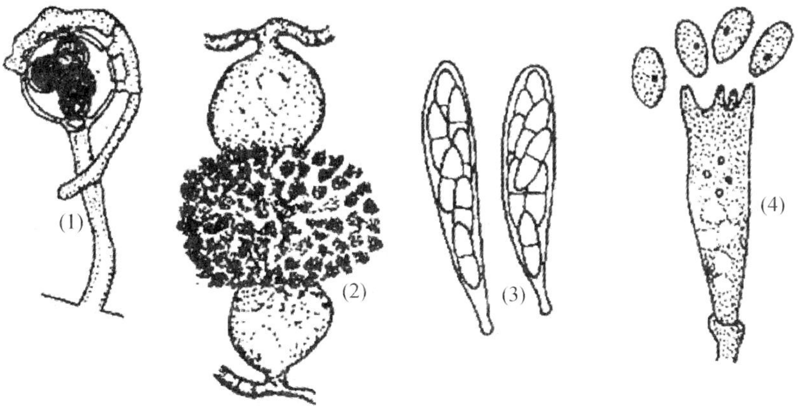

图 2-5　有性孢子种类

(1) 卵孢子;(2) 接合孢子;(3) 子囊孢子;(4) 担孢子

采用挑、刮或切片的方法,制片镜检桃缩叶病菌(*Taphrina deformans*)、小麦白粉病菌

(*Blumeria graminis*)、小麦赤霉病菌(*Gibberella zeae*)、苹果树腐烂病菌(*Valsa mali*)、麦角病菌(*Claviceps purpurea*)等病害标本。观察子囊孢子的形状,单细胞或多细胞,有色或无色,子囊的形状,是否具双层子囊壁,子囊有无固定孔口,子囊果的类型,有闭囊壳、子囊壳、子囊盘或子囊腔。

⑤ 担孢子(basidiospore):担子菌门菌物产生的有性孢子。担孢子产生在担子上。冬孢菌纲的担孢子产生在冬孢子萌发后形成的担子上,如图 2-5(4)。

观察小麦腥黑穗病菌(*Tilletia caries*)冬孢子萌发形成的担子及担孢子的形态。黑粉菌孢子萌发的条件是 20℃左右恒温和定期光照,连续培养 3~5 d,冬孢子即可萌发。

作业及思考题

(1) 绘制有隔菌丝、无隔菌丝、营养体变态结构、各类无性孢子和有性孢子的形态图。

(2) 针对不同的病征类型在显微观察时应采用何种制片方法?

实验3　黏菌、根肿菌及其所致病害

【实验目的】

通过实验了解原生生物界中黏菌、根肿菌的主要形态特征，掌握与植物病害有关重要属的形态特征、分类依据及所致病害的症状特点。

【实验原理】

1995年Ainsworth & Bisby's Dictionary of the Fungi接受了卡瓦尼-史密斯（Cavalier-smith，1981，1988）的细胞生物八界系统学说。将丝壶菌和卵菌划入到假菌界（Chromista），成立了丝壶菌门（Hyphochytridiomycota）和卵菌门（Oomycota），将黏菌和根肿菌放入到原生动物界（Protozoa），提升为黏菌门（Myxomycota）和根肿菌门（Plasmodiophoromycota）。

原生动物界（Protozoa）包括集孢黏菌门（Acrasiomycota）、网柱黏菌门（Dictyosteliomycota）、黏菌门（Myxomycota）、根肿菌门（Plasmodiophoromycota）。与植物病害有关的主要是黏菌门和根肿菌门。

黏菌是一类介于动物和菌物之间的原生生物，既有变形虫的身体构造，也同样拥有与菌物类同样能够释放孢子的子实体，可形成具有细胞壁的孢子，但是生活史中没有菌丝的出现，而有一段黏黏的时期，因而得名。这段黏黏的时期是黏菌的营养生长期，细胞不具细胞壁，如同变形虫一样，可任意改变体形，故又称为“变形菌”。原生质体黏菌的特色是没有单一细胞，而形成一整团的原生质。其生活史可分为二倍体时期与单倍体时期。黏菌的二倍体时期从两个单倍体细胞通过配子生殖形成合子开始，随后合子进行有丝分裂，形成只有一团原生质、但含有许多细胞核的原生质团，称为变形体（plasmodium）。变形体成熟后，形成可根据食物、水与氧气等所需养分改变其表面积的网状形态，也称为营养时期（feeding stage），取食方式为吞噬。然后形成孢子囊（sporangium），孢子囊成熟后就成为子实体。随后进行减数分裂，释放出单倍体孢子，进入单倍体时期。单倍体孢子通过空气进行传播，可以产生变形虫细胞（amoeboid cell）和鞭毛细胞（flagellated cell）两种配子，这两种配子可以互相变换，但最后都只能与同类细胞结合进行配子生殖（syngamy），产生二倍体的合子。

黏菌大多性喜阴凉潮湿的场所，常见的栖息地有朽木、枯枝、落叶、腐草等腐烂的植物残体。院落中或野外的活树干、树枝上有时也可以看到黏菌生长，特别是雨后3～7 d，可以看到很多树皮黏菌。黏菌大多为腐生菌，无直接经济意义，极少数寄生在经济植物上，造成一定的经济损失。

根肿菌是一类介于黏菌和菌物之间的低等生物。营养体为原质团，以整体产果的方式繁殖，营养体以原生质割裂的方式形成大量散生或堆积在一起的孢子囊。形成的孢子囊有两种：一种是薄壁游动孢子囊，由无性繁殖产生；另一种是休眠孢子囊（resting sporangium），一般认为是有性生殖产生的。形成游动孢子囊的原质团和形成休眠孢子囊的原质团在性质上有所不同：前者是单倍体的，由游动孢子发育而成；后者是二倍体的，一般认为由两个游动孢子配合形成的合子发育而成。休眠孢子囊萌发时通常释放出一个具有2根长短不一尾鞭型鞭毛的游动孢子。因此，这类休眠孢子囊习惯上称为休眠孢子。休眠孢子分散或聚集成堆以及休眠孢子堆的形态是原生菌类植物病原菌物分类的重要依据。根肿菌可在菌物、藻类及高等植物上寄生，当寄生在高等植物的地下部分时，被侵害部分膨大成肿瘤。根肿菌的生活史与黏菌相类似，也有发达的多核原生质团，但它是严格的细胞内寄生菌，也不形成有结构的子实体，有些特征像菌物。芸苔根肿菌引起十字花科植物的根肿病，马铃薯粉痂菌是马铃薯粉痂病的病原体，它们可造成农作物的减产。

【实验材料】

植物病害标本或永久玻片。

双皮菌属：草莓黏菌(*Dierma hemisphaerieum*)及病害。

根肿菌属：芸苔根肿菌(*Plasmodiophora brassicae*)及病害。

粉痂菌属：马铃薯粉痂菌(*Spongospora subterranea*)及病害。

多黏霉属：禾谷多黏霉(*Polymyxa graminis*)及病害。

【实验设备及用品】

显微镜，擦镜纸，浮载剂(蒸馏水或乳酚油)，载玻片，盖玻片，挑针，刀片，小木块，吸水纸，酒精灯，火柴。

【实验步骤】

(1) 黏菌

① 双皮菌属(*Dierma*)：该属的半圆双皮菌(*Dierma hemisphaerieum*)(如图3-1)引起草莓黏菌病，除为害草莓外还可为害多种低矮植物和果树苗木。黏菌爬到活体草莓上生长并形成子实体，使病部表面初期布满胶黏淡黄色液体，后期长出许多淡黄色圆柱形孢子囊，圆柱体周围蓝黑色有白色短柄，排列整齐地覆盖在叶片、叶柄和茎上。此时，受害部位不能正常生长，或有其他病杂菌生长而造成腐烂，如遇干燥天气则病部产生灰白色粉末状硬壳质结构，不仅影响草莓的光合作用和呼吸作用，受害叶不能正常伸展、生长和发育。黏菌在草莓上一直黏附到草莓生长结束，严重的植株枯死，果实腐烂，造成大幅度减产。

图 3-1　半圆双皮菌

② 绒孢菌属(*Physarum*)：其营养体是没有细胞结构变形体，在显微镜下看不到隔膜，形状不规则，当进行繁殖形成子实体时，具有细胞壁且形状固定，产生很多孢子。柄端生长许多葡萄状的孢囊，孢囊圆球形。黏菌孢子圆形，孢子成堆时呈暗褐色、黑色。引起平菇黏菌性病害，菇床发生该病后，培养料表面有白色黏菌菌落生成，也有土色或灰色、黑色。表面处于潮湿状，有些种类的黏菌营养体呈黏胶质状，也有在菇床上长出毛发状的长丝，有的形成黑色子实体。该菌可危害平菇、香菇和银耳。尤其是在室外露地阳畦栽培时，发生普遍，为害严重。

该菌通常生活在有机质丰富、潮湿的环境中，病菌孢子可通过气流以及雨水进行传播。该菌的最适合生长环境为温度22～25℃，相对湿度95%～100%，pH 5.5～6.5。

③ 辣椒黏菌病：辣椒患病后，轻则叶片正反面及叶柄上附着一层黏菌分泌物，妨碍辣椒的正常生长；重则叶片干枯，整株死亡，死亡率达15%～20%，造成严重缺苗。土壤表面、地膜里外层都有此黏菌分布。黏菌首先在叶片正反面形成淡黄色小颗粒，然后从叶尖、叶缘向内扩展蔓延，

形成一层无定形的菌胶团，覆盖整片叶片。在双目扩大镜下观察，菌胶团似起伏不平的“沙丘”，上面罩上了一层网纹状薄膜。在干燥条件下，菌胶团变成灰白色“硬壳”，易剥落。病原物为黏菌门，水生黏菌纲，无细胞壁，外形似可以改变的原生质团或假原生质团，子实体是呈圆柱形黑色颗粒的孢子囊。

（2）根肿菌

只有根肿菌纲（Plasmodiophoromycetes），菌物为数不多，其下只有1个根肿菌目（Plasmodiophorales），已知的有16个属，46个种。

① 根肿菌属（*Plasmodiophora*）：特征是休眠孢子游离分散在寄主细胞内，不联合形成休眠孢子堆，外观呈鱼卵块状，成熟时相互分离，如图3-2。该属菌物都是细胞内专性寄生物，危害植物根部引起手指状或人参块状的畸形膨大，称为根肿病。其中最主要的植物病原物是芸薹根肿菌（*P. brassicae*），引致十字花科植物根肿病。

观察芸薹根肿病害标本的症状，注意受害植株的根部是否肿大；镜检芸薹根肿菌永久玻片，观察休眠孢子的分布位置、形态及有无细胞壁；注意比较有病原菌侵害的寄主细胞与无病原菌的细胞的大小及内含物；注意区分原生质团和休眠孢子。

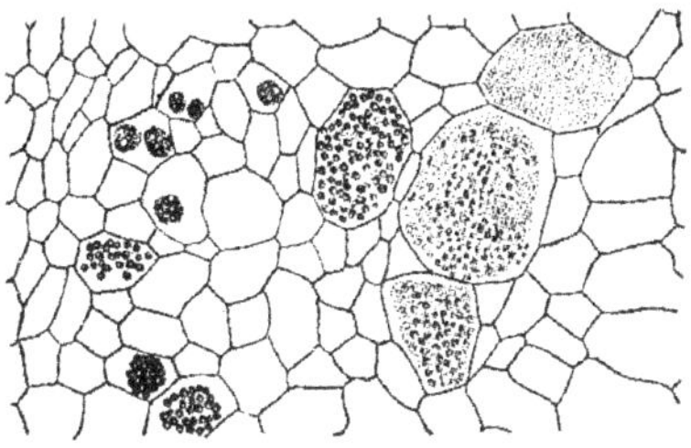

图3-2　根肿菌示意图

芸薹根肿菌的休眠孢子萌发时释放出1个游动孢子，游动孢子与寄主的根毛或根表皮细胞接触后，鞭毛收缩并休止形成休止孢。休止孢萌发时形成一管状结构穿透寄主细胞壁，将原生质注入寄主细胞内，发育成原质团。这种原质团成熟后分割形成薄壁的游动孢子囊，每个孢子囊可释放出4～8个游动孢子。这种游动孢子具有配子的功能，质配是由两个游动孢子配合形成合子。合子侵入寄主细胞内发育成产休眠孢子囊的原质团。在休眠孢子形成之前，原质团内的细胞核发生核配，紧接着进行减数分裂，随后原质团分割成许多具厚壁的单核休眠孢子。休眠孢子抵抗不良环境的能力很强，可以在酸性土壤中存活多年，是十字花科植物根肿病的初侵染来源。

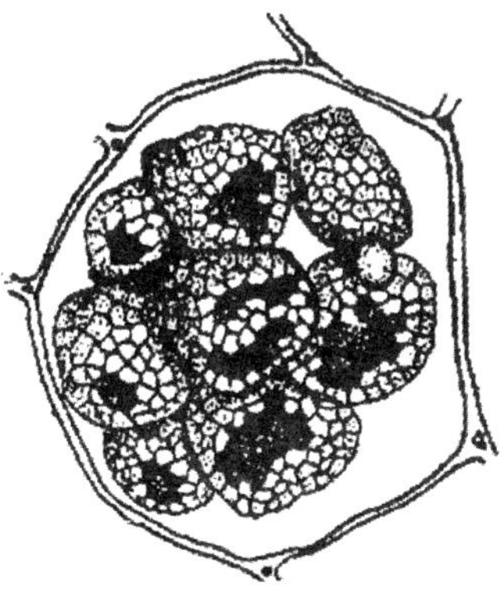

图3-3　粉痂菌属示意图

② 粉痂菌属（*Spongospora*）：休眠孢子聚集成休眠孢子堆，如图3-3。休眠孢子堆球状，中有空隙，形如海绵；休眠孢子球形或多角形，黄色至黄绿色，壁光滑。此属最常见的种是马铃薯粉痂菌（*S. subterranea*），危害马铃薯块茎引起马铃薯粉痂病。病菌侵害马铃薯块茎的皮层，形成疮痂症状，后期表皮破裂，散出深褐色粉末（休眠孢子囊）。

观察马铃薯粉痂病害（*S. subterranea*）标本症状。镜检马铃薯粉痂病菌永久切片，观察休眠孢子的分布和形态特征，以及有病菌的寄主细胞有无明显肿大。

③ 多黏菌属（*Polymyxa*）：休眠孢子聚集成休眠孢子堆。休眠孢子堆长条形、近球形或不规则形，产生在草本植物根表皮细胞内；但被寄生的寄主表皮细胞不肿大。此属最常见的种是禾谷多黏霉（*P. graminis*），寄生在禾本科植物根表皮细胞内，不引起明显症状；但它的游动孢子是传播小麦土传花叶病毒和小麦梭条花叶病毒的介体。

观察禾谷多黏菌（*P. graminis*）引起的小麦病害症状。用解剖刀或镊子撕取小麦根基皮层，制成临时玻片，镜检。或镜检禾谷多黏菌的永久玻片，观察病菌休眠孢子及排列特征。

作业及思考题

（1）观察十字花科蔬菜根肿病菌、马铃薯粉痂病菌、禾谷多黏霉菌，绘休眠孢子囊图。

（2）黏菌、根肿菌有哪些特点？它们的寄生性及所致病害有哪些特点？

实验4 卵菌及其所致病害(一)

【实验目的】

通过实验了解卵菌门菌物的主要形态特征，掌握与植物病害有关的水霉目(Saprolegniales)和腐霉目(Pythiales)中重要属的形态特征、分类依据及所致病害的症状特点，为分类鉴定打下初步基础。

【实验原理】

卵菌是指有性生殖以雄器和藏卵器交配产生卵孢子而无性生殖产生具鞭毛游动孢子的一类菌物。卵菌与其他菌物明显不同在于：

① 卵菌的营养体为二倍体，其他菌物的营养体为单倍体；

② 卵菌的细胞壁成分主要为β-葡聚糖和纤维素，其他菌物大多为几丁质；

③ 卵菌的有性生殖为雄器和藏卵器进行接触交配的卵配生殖，在其他菌物中这种生殖方式是很少见的；

④ 卵菌的赖氨酸合成途径与植物一样为二氨基庚二酸途径，其他菌物为氨基己二酸途径；

⑤ 卵菌的25S rRNA 分子量为 1.42×10^6，其他菌物为 $1.3\sim1.36\times10^6$；

⑥ 卵菌的线粒体、高尔基体、细胞核膜、细胞壁的超微结构与其他菌物也有明显差异，而与藻类更为相似。

因此，在2001年出版的《菌物词典》(第9版)分类系统中，将卵菌从菌物界中分离出来，划入藻物界(Chromista，也称假菌界)。现假菌界包括丝壶菌门、卵菌门和网黏菌门(Labyrinthumycota)3个门。与植物病害有关的主要是卵菌门的卵菌纲(Oomycetes)。

卵菌门只有1个纲——卵菌纲(Oomycetes)，分9个目，有694个种。其中寄生高等植物并引起严重病害的是腐霉目(Pythiales)、指梗霉目(Sclerosporales)和霜霉目(Peronosporales)菌物，少数水霉目(Saprolegniales)菌物也可以寄生高等植物，但寄生能力较弱。

卵菌大多为水生菌物，少数是两栖的或接近陆生的。卵菌有的是腐生的，有的寄生在水生植物、菌物或昆虫上，有的寄生高等植物，引起严重的植物病害。由于卵菌具有水生的习性，只有在高湿的条件下才能产生游动孢子囊和释放出游动孢子，而且大多数卵菌主要是以游动孢子萌发产生的芽管侵入寄主植物的，因此由卵菌引起的植物病害在潮湿、多雨、低洼积水、通风透光条件差的条件下发生普遍，危害较严重。用卵菌进行人工接种寄主植物测定致病性时，大多是以游动孢子或游动孢子囊作为接种体。

一般认为，卵菌的进化是从水生演变到陆生的，由腐生的到专性寄生的。低等的卵菌大都是水生的腐生菌，或者寄生在水生植物、水生动物和水生菌物上；中间类型是两栖的，可以生活在较潮湿的土壤中，多为腐生或兼性寄生物；较高等的接近陆生，其中有许多是高等植物的专性寄生菌。

【实验材料】

植物病害标本或永久玻片。

绵霉属：水稻烂秧绵霉菌(*Achlya* spp.)及病害。

腐霉属：瓜果腐霉菌(*Pythium aphanidermatum*)及病害。

疫霉属：致病疫霉菌(*Phytophthora infestans*)或烟草疫霉菌(*Phytophthora nicotianae*)及病害。

霜疫霉属：荔枝霜疫霉(*Peronophythora litchi*)及病害。

【实验设备及用品】

显微镜，擦镜纸，浮载剂(蒸馏水或乳酚油)，载玻片，盖玻片，挑针，刀片，小木块，吸水纸，酒精灯，火柴。

【实验步骤】

(1) 水霉目

水霉目(Saprolegniales)菌物一般称作水霉，大多都是海水或淡水中的腐生菌，有些生活在土壤中，少数寄生植物、藻类、鱼类和其他水生生物。营养体大多为发达的无隔菌丝体，少数为单细胞。无性繁殖产生丝状、圆筒状或梨形的游动孢子囊，游动孢子囊不易脱落，与菌丝无显著差异。孢子囊有层出现象(proliferation)，游动孢子具有两游现象(diplanetism)。

① 水霉属(*Saprolegnia*)(图 4-1)：营养体是发达的无隔菌丝体；游动孢子囊圆筒形，产生在菌丝顶端；孢子囊有内层出现象(inside proliferation)；游动孢子可排列成多列，有明显的两游现象；多腐生，少数寄生植物和鱼类。藏卵器内含有一个至多个卵孢子，雄器侧生。镜检培养皿中的水霉菌，注意观察游动孢子囊的形态和菌丝区别是否明显，新的游动孢子囊是否从老的游动孢子囊的空壳内生出，藏卵器内卵孢子的数目是一个还是多个。能否观察到游动孢子囊释放以及藏卵器和雄器交配。

串囊水霉(*S. monilifera*)为害水稻根部，可引致水稻烂秧。

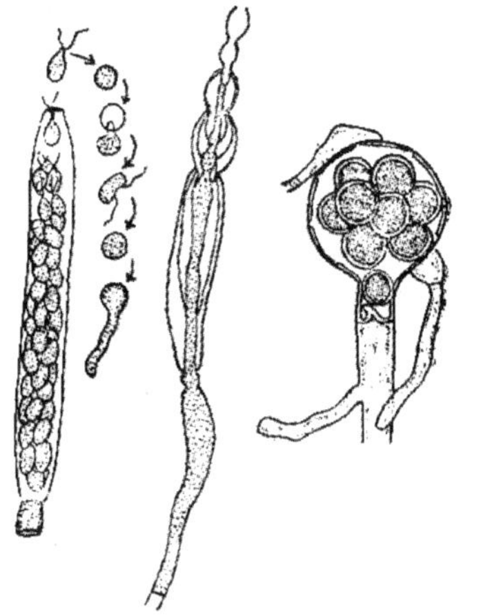

图 4-1 水霉属

图 4-2 绵霉属

② 绵霉属(*Achlya*)(图 4-2)：绵霉属菌物大多腐生，少数弱寄生，广泛地存在于池塘、水田和土壤中。绵霉属的形态特征与水霉属基本相似，主要区别在于：游动孢子囊具外层出现象(outside proliferation)，即新的孢子囊从老的孢子囊基部的孢囊梗侧面长出；游动孢子第一次游

动时间很短,休止孢在孢子囊顶部孔口外形成并聚集成团;藏卵器内卵球数较少。绵霉属的植物病原菌主要是是稻绵霉(*A. oryzae*)、层出绵霉(*A. prolifera*)、鞭绵霉(*A. flagellata*),引起水稻烂秧。

(2) 腐霉目

腐霉目(Pythiales)菌物营养体大多为发达的无隔菌丝体,少数为单细胞。孢囊梗具无限伸长习性,孢子囊丝状、圆筒状、梨形或柠檬形,顶生、间生或切生。游动孢子无两游现象。藏卵器内只含有1个卵孢子。本目含腐霉科(Pythiaceae)1个科,11个属,184个种。

① 腐霉属(*Pythium*)(图4-3):腐霉属菌物较为低等,以腐生的方式在土壤中长期存活。腐霉属的特征是孢囊梗与菌丝无明显区别,孢子囊丝状、瓣状或球状,顶生、间生或切生;孢子囊成熟后一般不脱落,萌发时形成泡囊,游动孢子在泡囊内形成,肾形,没有两游现象;雄器侧生,藏卵器中只形成1个卵孢子。有些种类可以寄生高等植物,危害根部和茎基部引起腐烂。幼苗受害后主要表现为猝倒、根腐和茎腐,种子和幼苗在出土前就可腐烂和死亡。此外,还能引起果蔬的软腐。瓜果腐霉(*P. aphanidermatum*)是常见的种,它的寄主范围很广,引起多种植物猝倒病和果实的绵腐病。

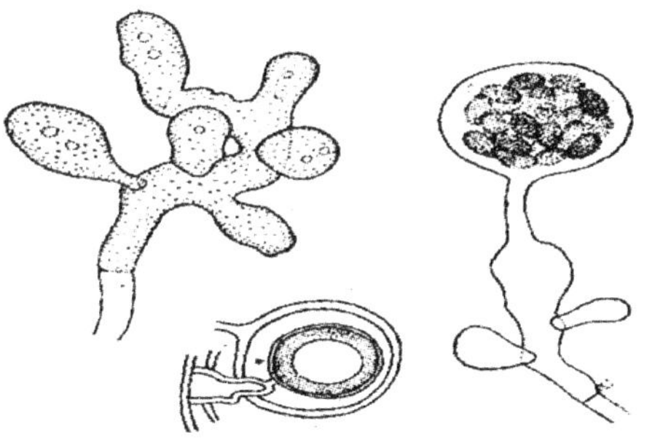

图4-3　腐霉属

观察幼苗猝倒病标本,注意受害部位的症状特点。取一小块生长旺盛的瓜果腐霉菌(*P. aphanidermatum*)放入清水中,18～20℃下培养24～36 h,然后用解剖针挑取少量菌丝制成临时玻片镜检。观察菌丝是否有隔膜;游动孢子囊的形状,以及与菌丝是否存在明显差别;孢囊梗与菌丝的形态有无差别;能否看到游动孢子囊萌发的情景。

② 疫霉属(*Phytophthora*)(图4-4):疫霉属特征是孢囊梗变化很大,从与菌丝没明显差别至孢囊梗分化明显。孢囊梗通常不规则分枝或合轴分枝。孢子囊呈卵形、梨形、近球形,或不规则形,大小不一;顶部具乳突、半乳突或无乳突,一般单独顶生于孢囊梗上,偶尔间生;成熟后脱落或不脱落;萌发可产生游动孢子,或直接萌发产生芽管。游动孢子卵形或肾形,侧生双鞭毛,休眠后形成有细胞壁,球形的休止孢。厚垣孢子多为球形,无色至褐色,顶生或间生。藏卵器球形或近球形,内含1个卵孢子。卵孢子球形,壁厚或薄,无色至浅色。雄器大小形状不一,围生(amphigynous,包裹在藏卵器的柄上)或侧生(着生在藏卵器的侧面)。

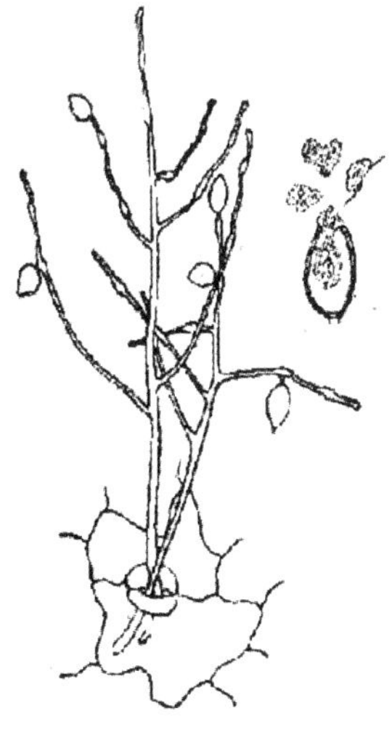

图4-4　疫霉属

疫霉属与腐霉属最主要的区别是,疫霉属的游动孢子通常在孢子囊内形成,而腐霉属的游动孢子在泡囊内形成。疫霉属菌物大多数是两栖类型,少数为水生的;较高等种类具有部分陆生的习性,可以侵害植物的地上部,孢子囊成熟时可以脱落,在湿度较低时,孢子囊可以直接萌发产生芽管。疫霉菌几乎都是植物病原菌,大多是兼性寄生的,寄生性从较弱到接近专性寄生。疫霉菌的寄主范围很广,可以侵染植物的各个部分,引起根腐、颈腐、基腐、果腐、枝干溃疡和叶枯等症状,在病斑表面形成白色棉絮状物或霜状霉层。疫霉菌所引起的植物病害常具有流行性和毁灭性,故称为疫病。疫霉菌以厚垣孢子或卵孢子在土壤中存活,但在土壤中的腐生能力不强。疫霉属是一个大属，目前被广泛承认的种和变种约有60个。其中致病疫霉(*P. infestans*)是疫霉属的模式种，引起马铃薯晚疫病。

观察辣椒疫病或黄瓜疫病的标本，注意受害部位的症状特点。取一小块生长旺盛的辣椒疫霉菌(*Phytophthora capsici*)或黄瓜疫霉菌(*Phytophthora melonis*)，用解剖针挑取少量菌丝制成临时玻片镜检。观察菌丝是否有隔膜，游动孢子囊的形状以及与菌丝是否存在明显差别，孢囊梗与菌丝的形态有无差别，能否看到游动孢子囊萌发的情景。

③ 霜疫霉属(*Peronophythora*)(图4-5)：为非专性寄生菌，可在人工培养基上生长，并形成孢子囊。孢囊梗为多级有限生长(multideterminate)，梗端二叉分枝一至数次，或在主轴两侧形成近双二叉的小分枝，每一小分枝顶端形成一个孢子囊，成熟后脱落，在小分枝上不再形成孢子囊。孢子囊柠檬形，具有乳突和短柄，萌发时形成游动孢子。有性生殖卵配式，藏卵器球形，平滑，卵周质不明显或没有；雄器侧生或围生；卵孢子球形，平滑。霜疫霉属孢囊梗有限生长和孢子囊同步形成的特征类似于霜霉属(*Peronospora*)，有性阶段和可在培养基上生长又具有疫霉属(*Phytophthora*)的某些特征，该属因此而得名。霜疫霉属仅一个种，即荔枝霜疫霉(*P. litchi*)，造成荔枝果实腐烂，引起霜霉病。

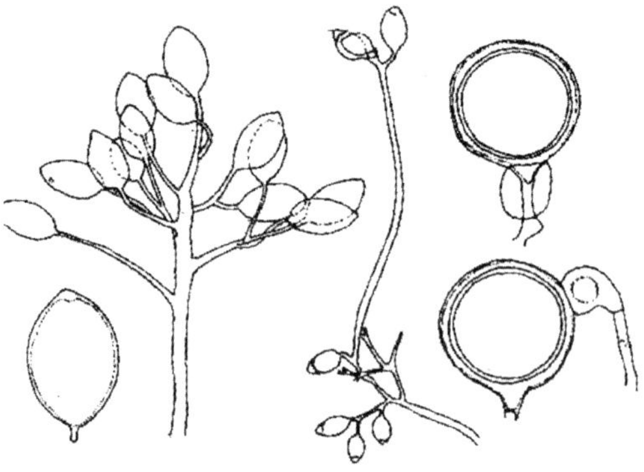

图4-5 霜疫霉属

观察荔枝霜霉病的标本，注意受害部位的症状特点。取一小块生长旺盛的荔枝霜疫霉菌(*P. litchi*)，用解剖针挑取少量菌丝制成临时玻片镜检。观察菌丝是否有隔膜，注意孢子囊的形态，能否看到游动孢子囊萌发的情景。

作业及思考题

(1) 绘瓜果腐霉病菌、马铃薯晚疫病菌的孢囊梗，孢子囊，卵孢子图。

(2) 卵菌有哪些特点？结合它们的生物学特点、寄生性及病害特点说明卵菌的进化情况。

实验 5　卵菌及其所致病害(二)

【实验目的】

通过实验了解卵菌门菌物的主要形态特征,掌握与植物病害有关的霜霉目(Peronosporales)中重要属的形态特征、分类依据及所致病害的症状特点,同时学习使用检索表来鉴定病原菌,为分类鉴定打下初步基础。

【实验原理】

霜霉菌目(Peronosporales)的有性繁殖是由藏卵器和雄精器交配(异形交配)而生成卵孢子的。其营养体发达,由无隔菌丝分枝茂盛而形成菌丝体。无性孢子为孢子囊,或由菌丝直接生出,或菌丝体分化生成孢囊梗再从梗上生出。孢子囊萌发释放出游动孢子,这种孢子囊全称应是游动孢子囊。少数种类的孢子囊萌发直接生长芽管,这已近似于以后谈及的高等菌物的分生孢子。

霜霉菌目的营养体为发达的无隔菌丝体,多在寄主植物细胞间隙扩展,产生吸器进入寄主细胞内吸取养分。游动孢子囊球形、卵形、梨形或柠檬形,产生在形态上有特殊分化的孢囊梗上。游动孢子囊成熟时释放出多个肾形游动孢子,游动孢子没有两游现象。藏卵器多呈球形,每个藏卵器中只形成一个卵孢子。卵孢子壁较厚,表面光滑或有纹饰。

霜霉菌目卵菌是植物地上部分的专性寄生菌。孢子囊容易从孢囊梗上脱落,因而可以通过气流传播。在有液态水的高湿条件下,孢子囊可以通过释放游动孢子萌发;在湿度较低条件下孢子囊往往直接萌发产生芽管,此时孢子囊的功能与分生孢子相似。

霜霉菌目分为 2 个科:白锈科(Albuginaceae)和霜霉科(Peronosporaceae)。分类的主要根据是孢囊梗的特征。

【实验材料】

植物病害标本或永久玻片。

指梗霉属:粟白发病菌(*Sclerospora graminicola*)及病害。

单轴霉属:葡萄霜霉病菌(*Plasmopara viticola*)及病害。

假霜霉属:黄瓜霜霉病菌(*Pseudoperonospora cubensis*)及病害。

霜霉属:十字花科植物霜霉病菌(*Peronospora parasitica*)及病害。

白锈属:十字花科蔬菜白锈病菌(*Albugo candida*)及病害。

【实验设备及用品】

显微镜,擦镜纸,浮载剂(蒸馏水或乳酚油),载玻片,盖玻片,挑针,刀片,小木块,吸水纸,酒精灯,火柴。

【实验步骤】

(1) 霜霉科

霜霉科(Peronosporaceae)孢子囊长在有特殊分化的孢囊梗上,孢囊梗有限生长。含 7 个属,148 个种,均为高等植物专性寄生菌,仅危害地上部分。侵染植物在病斑表面形成典型的霜状霉层,所引起的植物病害通常称霜霉病,因而这些菌物被称为霜霉菌。

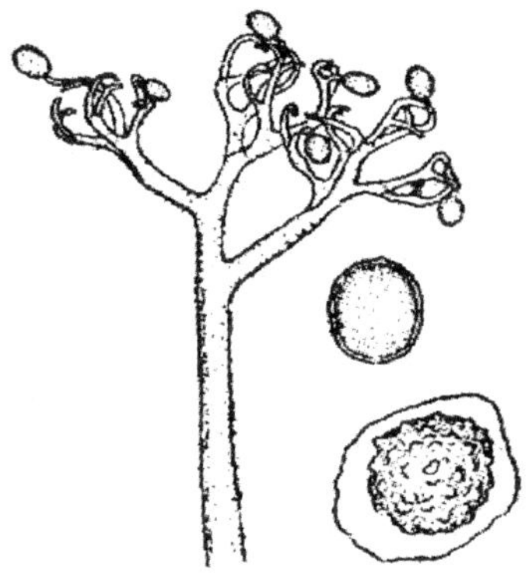

图 5-1 霜霉属

① 霜霉属(*Peronospora*)(图 5-1):霜霉属的特征是孢囊梗主轴较粗壮,顶部有多次左右对称的二叉状分枝,末端分枝的顶端尖锐。菌丝体为发达、无色的无隔菌丝体,在寄主组织的细胞间隙扩展,产生丝状、囊状或裂瓣状吸器进入寄主细胞内吸收养分。无性繁殖时,菌丝体分化出孢囊梗。孢囊梗单根或成丛自气孔伸出,主轴粗,基部稍膨大,上部二叉状分枝 3~10 次,小枝末端尖锐。孢子囊在末枝顶端同步形成,卵形或椭圆形无色或有色,无乳突,易脱落,萌发产生芽管。卵孢子球形,壁平滑或具纹饰。引起许多经济植物的霜霉病。其中寄生霜霉(*P. parasitica*)是最常见的种,可以危害许多十字花科植物和大豆等。

取白菜霜霉病叶片,用挑针挑取少量在叶背面的霜霉,制成临时玻片后镜检。注意,孢囊梗不但与菌丝有显著不同,而且具有特定的形态——二叉状锐角分枝,最后一次分枝的末端尖细。每一个孢囊梗的末端均着生一个孢子囊。孢子囊椭圆形或圆形,成熟后脱落,在有水并且温度较低时,孢子囊可释放出游动孢子。如果环境条件较干燥,温度也较高.孢子囊则直接萌发,在示范镜下观察孢子囊的萌发。参照教科书和挂图。对照检索表 5-1,制片观察各种霜霉病的病原菌和病菌永久玻片标本,掌握霜霉科几个常见属的主要形态特征及所致病害症状。

表 5-1 霜霉科主要属的检索表

A. 孢囊梗粗壮,上部为重复 2~3 次的不规则二叉分枝 ……………………… 指梗霉属(*Sclecospora*)
AA. 孢囊梗较细 ……………………………………………………………………… B
B. 孢囊梗单轴分枝,小枝与主轴成直角,分枝末端平钝 ……………………… 单轴霉属(*Plasmopara*)
BB. 孢囊梗成锐角二叉分枝 ……………………………………………………… C
C. 分枝两侧不对称,顶端尖锐 ……………………………… 假霜霉属(*Pseudoperonospora*)
CC. 分枝两侧对称 …………………………………………………………………… D
D. 分枝顶端尖细 ……………………………………………………… 霜霉属(*Peronospora*)
DD. 分枝顶部膨大,具 3~4 个指状周生小梗 ………………………… 盘梗霉属(*Bremia*)

② 盘梗霉属(*Bremia*)(图 5-2):菌丝体寄主细胞间生,吸器棍棒状或球形。孢囊梗单根或成丛自气孔伸出,二叉状锐角分枝,末枝顶端膨大呈盘状,边缘生 3~6 个小梗,小梗上单生 1 个孢子囊。孢子囊近球形或卵形,具乳突或不明显,易脱落,通常直接萌发生芽管,但在黑暗、低温、水分充足条件下还能形成游动孢子。卵孢子球形、黄褐色,不满器,外壁光滑,一般情况下卵孢子不常见。如莴苣盘梗霉(*B. lactucae*),寄生于莴苣和菊科植物上引起霜霉病。

图 5-2　盘梗霉属

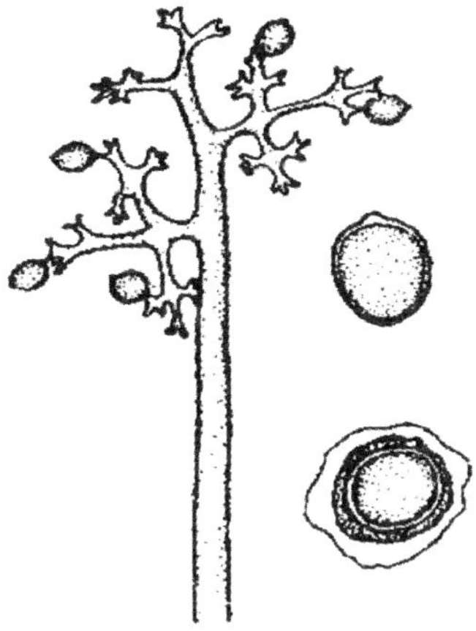

图 5-3　单轴霉属

③ 单轴霉属(*Plasmopara*)(图 5-3)：菌丝体细胞间生，吸器球形。孢囊梗单根或成丛自气孔伸出，细长、直角或近直角单轴分枝，末枝比较刚直，顶端钝圆或平截。孢子囊较小，球形或卵形，有乳突和短柄，易脱落，萌发时产生游动孢子或芽管。少数从孢子囊内先逸出全部原生质团，然后从原生质团形成游动孢子或生出芽管。卵孢子不常发现，圆形、黄褐色，卵孢子壁与藏卵器不融合。如葡萄生单轴霉(*P. viticola*)，引起葡萄霜霉病。

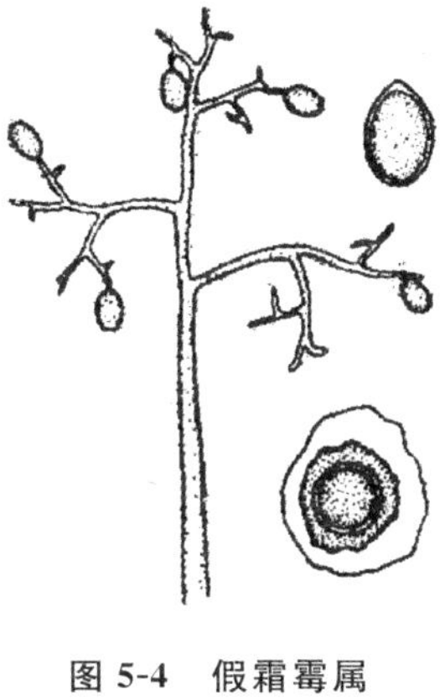

图 5-4　假霜霉属

④ 假霜霉属(*Pseudoperonospora*)(图 5-4)：菌丝体寄主细胞间生，吸器球形或略呈裂瓣状。孢囊梗单根或成丛自气孔伸出，基部稍膨大，上部呈假单轴式二叉状锐角分枝，末枝略弯曲，顶端尖细。孢子囊球形或卵形，有色，有乳突，基部有时有短柄，萌发时产生游动孢子。卵孢子球形，黄褐色。本属与霜霉属(*Peronospora*)的孢囊梗形态近似，但孢子囊萌发产生游动孢子与其区别。如古巴假霜霉(*P. cubensis*)，引起黄瓜霜霉病。

(2) 白锈科

白锈科(Albuginaceae)孢囊梗短棍棒形，顶生一串孢子囊，无限生长。仅白锈菌属(*Albugo*)一个属。

白锈菌属(*Albugo*)：全部是高等植物专性寄生菌，在寄主上产生白色疱状或粉状孢子堆，很像锈菌的孢子堆，故名白锈菌，引起的病害称为白锈病。菌丝在寄主细胞间生长发育，产生小圆形吸器伸入细胞内吸收养料。孢囊梗粗短，棍棒形，不分枝，成排生于寄主表皮下。孢子囊在孢囊梗顶端串生形成链状，圆形或椭圆形，两个孢子囊间有“间细胞”(intercalary cell)相连接。孢子囊萌发时产生游动孢子或芽管。有性阶段的性器官在寄主细胞间形成，藏卵器球形，内部分化成卵球和卵周质。雄器棒形，侧生。卵孢子球形，壁厚，表面有网状、疣状或脊状突起等纹饰。如十字花科白锈菌(*A. candida*)，引起油菜、白菜、萝卜等植物白锈病。

取白菜白锈病肿大的茎或荚，选取白色疱斑处切片，置于滴加乳酚油的载玻片，用酒精灯略加热，使病组织透明，然后盖上盖玻片镜检，可见到白锈病菌的卵孢子，一个藏卵器内只有一个卵球。卵孢子表面有刻点状花纹，是白锈菌分类的依据之一。

(3) 指梗霉目

指梗霉目(Sclerosporales)在《菌物词典》第八版(1995)分类系统中。本目区别于霜霉目的特征是：孢囊梗主轴粗壮或分化程度较低；专性寄生于禾本科植物上。含2个科，5个属，25种。

① 指梗霉属(*Sclerospora*)：菌丝体寄主细胞间生，产生球形吸器伸入细胞内。孢囊梗单根或2～3根从气孔伸出，主轴粗壮，顶端不规则二叉状分枝，分枝粗短紧密。孢子囊椭圆形，倒卵形，有乳突，萌发时产生游动孢子。藏卵器球形，椭圆形或不规则形，深褐色，器壁纹饰显著。雄器丝状，通常1个。卵孢子圆形，黄色或黄红色，卵孢子壁大部与藏卵器壁融合，萌发时产生芽管。如禾生指梗霉(*S. graminicola*)引起谷子白发病。

② 霜指霉属(*Peronosclerospora*)：菌丝体寄主细胞间生，吸器小球状。孢囊梗自气孔伸出，常2～4枝丛生，二叉状分枝2～5次，上部分枝粗短，小梗圆锥形或钻形。孢子囊椭圆形，卵圆形或圆柱形，萌发时产生芽管。藏卵器近球形至不规则形，雄器侧生。卵孢子球形至近球形，黄色或黄红色。卵孢子壁几乎与藏卵器壁融合，萌发时产生芽管。如玉蜀黍霜指霉(*P. maydis*)引起玉米霜霉病。

③ 指疫霉属(*Sclerophthora*) 菌丝体在寄主细胞间生长，产生吸器伸入寄主细胞内吸收养料。孢囊梗菌丝状，短而粗，常不分枝或假单轴式分枝；孢子囊柠檬形、卵形或椭圆形，具乳突，萌发时产生游动孢子。藏卵器球形，雄器侧生，卵孢子球形，淡黄色，壁厚，几乎满器，萌发。本属孢子囊先后相继形成的方式与疫霉菌属(*Phytophtora*)相似，藏卵器壁和卵孢子充满藏卵器的性状及所致症状又与指梗霉属(*Sclerospora*)相似，因此命名为指疫霉属(*Sclerophthora*)。如大孢指疫霉(*S. macrospora*)引起小麦霜霉病、水稻黄化萎缩病和玉米“龙头”病。

作业及思考题

(1) 绘白菜霜霉病菌孢囊梗和孢子囊图。

(2) 绘黄瓜霜霉病菌孢囊梗、孢子囊、卵孢子图。

实验6　接合菌及其所致病害

【实验目的】

通过本实验认识接合菌的一般形态及其所致病害的症状特点，了解异宗配合与同宗配合的含义及同型配子囊和异型配子囊的差别。

【实验原理】

接合菌菌物是菌物中比较低等的一类，其营养体为无隔菌丝体、无性繁殖产生孢囊孢子、有性繁殖以配子囊配合的方式产生接合孢子。接合菌分两个纲：接合菌纲（Zygomycetes）和毛菌纲（Trichomycetes）。与植物病害关系较大的是接合菌纲中的毛霉目（Mucorales），种类约占全部接合菌的2/3，其中绝大多数在土壤及其有机物上腐生；少数是寄生的，可寄生于人、动物、植物和其他菌物上。毛霉目菌物寄生在植物上的极少，最重要的是使薯类、水果等发生软腐的匍枝根霉（*Rhizopus stolonifer*）。该菌寄生性弱，从伤口侵入寄主，分泌果胶酶能力强，破坏力大。

表6-1　接合菌分纲检索表

1 腐生或寄生，寄生的菌丝能侵入寄主组织内；菌体一般较发达……接合菌纲（Zygomycetes）

1′ 附生于节肢动物和昆虫的消化道或体表，多以吸盘与寄主相连，菌体较简单……毛菌纲（Trichomycetes）

【实验材料】

甘薯软腐病新鲜标本；根霉菌、毛霉菌、犁头霉菌的平板培养物；根霉菌、毛霉菌、犁头霉菌、笄霉菌及接合孢子的永久玻片标本。

【实验设备及用品】

灭菌培养皿，酒精灯，火柴，纱布，挑针，镊子，载玻片，盖玻片，浮载剂，吸水纸，显微镜，擦镜纸等。

【实验步骤】

(1) 根霉属

根霉属（*Rhizopus*）的菌丝分化出匍匐丝和假根。孢囊梗单生或丛生，与假根对生，一般不分枝，顶生孢子囊，产生大量孢囊孢子，有囊轴，锣锤形，孢囊孢子单胞，球形、卵形或不规则形，无色或淡褐色，表面有饰纹，如图6-1。接合孢子色深，表面有瘤状突起，由两个同型配子囊配合形成，配囊柄不弯曲，无附属物。

取甘薯软腐病新鲜标本，观察其症状特点，注意受害甘薯表面是否有白色毛状物生出，在白色毛状物中是否有黑点。

挑取平板培养的根霉培养物制作临时玻片（或取根霉菌的永久玻片标本），镜检观察孢子囊、孢囊孢子、孢囊梗、囊轴、假根及其匍匐丝的形态。

(2) 毛霉属

毛霉属（*Mucor*）菌丝发达、多分枝，一般无隔，无匍匐丝与假根，孢囊梗单生，直立，顶端着生球形或椭圆形孢子囊。接合孢子表面有瘤状突起，由两个同型配子囊配合形成，配囊柄无附属物，如图 6-2。

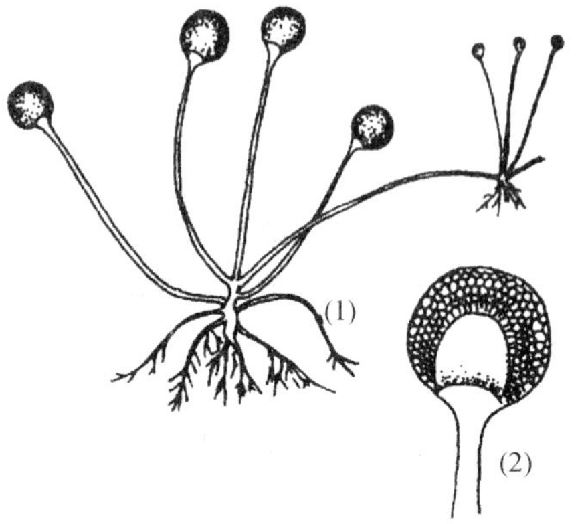

图 6-1　匍枝根霉

（1）孢囊梗，孢子囊，假根，匍匐丝；（2）放大的孢子囊

（仿许志刚，2003）

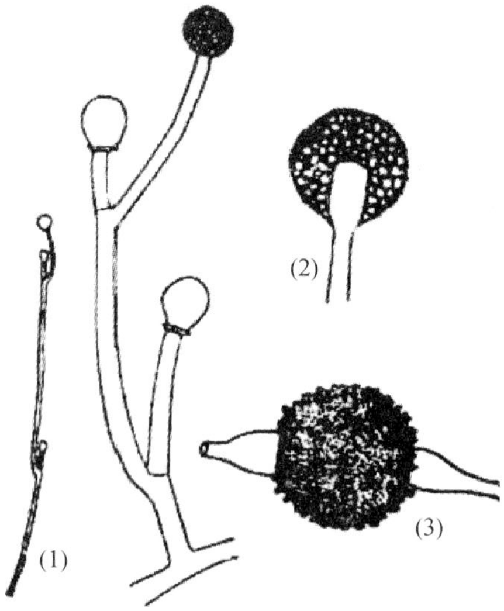

图 6-2　毛霉属

（1）孢囊梗；（2）孢子囊（示囊轴）；（3）接合孢子

（仿陆家云，2001）

挑取平板培养的毛霉培养物制作临时玻片（或取毛霉菌的永久玻片标本），镜检观察孢子囊、孢囊孢子、孢囊梗的形态特征，注意和根霉的区别。

（3）犁头霉属

犁头霉属（*Absidia*）菌丝分化出匍匐丝和假根，孢囊梗自假根间的弓形匍匐丝上长出，2～5根丛生，孢子囊顶生，犁头形，壁薄，成熟时易消解。孢囊孢子较小，单胞，无色，表面光滑。接合孢子着生在附属丝上，配囊柄上长出附属丝包围接合孢子，如图 6-3。

挑取平板培养的犁头霉培养物制作临时玻片（或取犁头霉属的永久玻片标本），镜检观察假根、匍匐丝及配囊柄上长出附属丝包围接合孢子的形态，注意孢囊梗着生的位置和根霉有何不同。

（4）笄霉属

笄霉属（*Choanephora*）通常形成小型孢子囊，小型孢子囊聚生在孢子囊梗顶端膨大的头状体的小梗上，其中形成一个孢子，故也称这种小型孢子囊为分生孢子。条件不适时，产生大型孢子囊，大型孢子囊产生在顶端弯曲的孢囊梗上，其内产生多个孢囊孢子，孢子顶端有数根细毛，如图 6-4。

取笄霉菌的永久玻片标本，镜检笄霉的孢囊梗和孢子囊形态，注意观察该属与根霉、毛霉的区别。

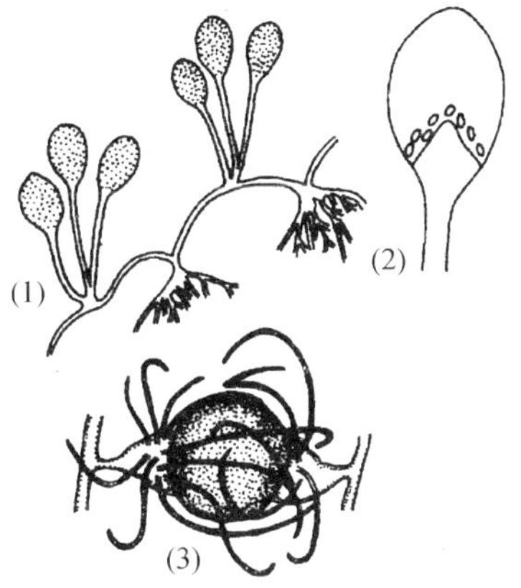

图 6-3 犁头霉属

(1) 孢子囊，孢囊梗，匍匐丝和假根；
(2) 孢子囊和囊轴；(3) 接合孢子
(仿宗兆锋，2002)

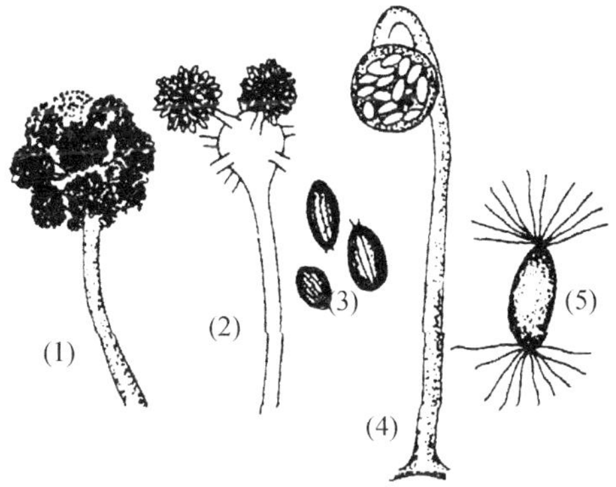

图 6-4 笄霉属

(1) 小型孢子囊聚生在孢囊梗顶端；
(2) 孢囊梗顶端的球状体及小梗；
(3) 小型孢子囊；(4) 大型孢子囊；
(5) 放大的孢囊孢子(仿宗兆锋，2002)

(5) 接合孢子观察

取根霉属和犁头霉属接合孢子玻片观察，并注意原配子囊、配囊柄及配子囊的发育特点。

作业及思考题

(1) 绘匍枝根霉菌孢子囊、孢囊梗、孢囊孢子、假根和匍匐丝形态图。

(2) 绘匍枝根霉菌接合孢子形态图。

(3) 毛霉和根霉有什么不同？

(4) 结合玻片标本观察，简述同宗配合、异宗配合、同型配子囊和异型配子囊的含义。描述甘薯软腐病菌接合孢子的形成过程。

实验7　子囊菌及其所致病害(一)

【实验目的】

掌握半子囊菌纲、不整囊菌纲和核菌纲菌物的基本特点，与植物病害有关的重要属的形态特征、分类依据及所致主要病害的症状特点。

【实验原理】

子囊菌大多数是陆生的，有1950个属，15000多种。营养体除少数种类为单细胞外，大多数是发达、有隔膜、能分枝的菌丝体，而且很多种类可形成子座、菌索、菌膜和菌核等结构，无性繁殖产生分生孢子，有性繁殖产生子囊孢子。子囊菌所致病害的种类很多，其中许多是重要的经济作物病害。

子囊菌分纲的主要依据是子囊果及子实层的有无、子囊果的类型和子囊的特征等。据此分6个纲：半子囊菌纲、不整囊菌纲、核菌纲、腔菌纲、盘菌纲和虫囊菌纲。除虫囊菌纲外，其余5个纲的菌物均与植物病害有关。

【实验材料】

① 桃缩叶病、瓜类白粉病、小麦白粉病、蔷薇白粉病、核桃白粉病、苹果白粉病、梨白粉病、榆树白粉病、甘薯黑疤病、苹果炭疽病、苹果腐烂病、小麦赤霉病、小麦全蚀病、小麦麦角病、油茶煤污病等的新鲜标本。

② 甘薯黑疤病菌的平板培养物。

③ 畸形外囊菌、散囊菌、白粉菌属、布氏白粉菌属、单丝壳属、叉丝壳属、叉丝单囊壳属、球针壳属、钩丝壳属、长喙壳属、小丛壳属、黑腐皮壳属、赤霉属、顶囊壳属、麦角菌属、小煤炱属等的永久玻片标本。

【实验设备及用品】

放大镜，显微镜，擦镜纸，解剖针，酒精灯、火柴，纱布，挑针，镊子，载玻片，盖玻片，浮载剂和吸水纸等。

【实验步骤】

1. 半子囊菌纲

半子囊菌纲(Hemiascomycetes)菌物的子囊裸生，不形成子囊果。营养体是单细胞或不发达的菌丝体，无性繁殖主要是裂殖或芽殖。与植物病害关系较大的只有外囊菌目(Taphrinales)中的外囊菌属(*Taphrina*)，该属菌物都是专性寄生菌，引起叶片、枝梢和果实的畸形。

图7-1　外囊菌属
(仿朱天辉，2002)

外囊菌属(*Taphrina*)，不形成子囊果，子囊长圆筒形，呈栅栏状平行排列在寄主表面，成熟后一般产生8个子囊孢子，单细胞，圆形或椭圆形，如图7-1。

观察桃缩叶病(*T. deformans*)标本，注意植物组织膨肿变形状态，病部表面是否有灰白色霉层。取小块病叶切片镜检(或取畸形外囊菌的永久玻片标本)，观察裸生的子囊及其内的子囊孢子。

2. 不整囊菌纲

不整囊菌纲(Plectomycetes)菌物的营养体是很发达的菌丝体,有性阶段产生闭囊壳,子囊散生在闭囊壳中,子囊壁很早胶化和消解,成熟的闭囊壳中往往只能看到分散的子囊孢子。本纲仅一个散囊菌目,又称曲霉目。它们大都是土壤中动、植物残体的腐生菌,有些是重要的工业和医药微生物,有些引起种子、谷物和储藏期果实的腐烂。其有性阶段较难见到,在自然界经常看到的是该菌的无性阶段。无性阶段产生大量的分生孢子,常见的有曲霉和青霉两个属,在半知菌实验时观察。

散囊菌属(*Eurotium*),观察示范镜下散囊菌的闭囊壳、子囊或散在闭囊壳内的子囊孢子的形态。

3. 核菌纲

核菌纲(Pyrenomycetes)是子囊菌中最大的一个纲,其有性生殖产生具固定孔口的子囊壳,孔口的内侧有一层菌丝状的缘丝,子囊在子囊壳中规则排列,子囊壁单层,有些子囊是成束着生在子囊果的基部,子囊壁也不易消解,子囊孢子成熟后可从子囊中弹出,因此仍放在核菌纲中。

核菌纲有 4 个目,其中与植物病害关系密切的有白粉菌目(Erysiphales)、球壳目(Sphaeriales)和小煤炱目(Meliolales)。

(1) 白粉菌目

白粉菌目(Erysiphales)一般称作白粉菌,是高等植物上的专性寄生菌,引起植物的白粉病。菌丝、无性和有性繁殖体多表生,以吸器伸入寄主表皮细胞吸取养分,子囊果为闭囊壳,其上生有各种形状的附属丝,子囊单生或有规则地在子囊果内基部成一束或一排。附属丝的形状和闭囊壳内子囊的数目是白粉菌分属的重要依据。本目仅白粉菌科 1 个科,21 个属,约 437 种。

① 白粉菌属(*Erysiphe*):闭囊壳内有多个子囊,子囊内含 2～8 个子囊孢子,附属丝菌丝状,如图 7-2。观察瓜类白粉病(*E. cichoracearum*)病叶标本,注意病部的白色粉状物和小黑点。挑取瓜类白粉病病叶的小黑点制片,在显微镜下检查有无孔口、闭囊壳表面附属丝的形状和着生部位;然后轻轻挤压盖玻片,使闭囊壳破裂,观察其内子囊的数目及形态,或取白粉菌属的永久玻片标本进行观察。

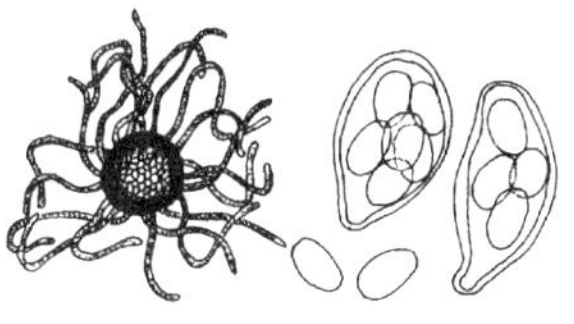

图 7-2　白粉菌属的闭囊壳、子囊和子囊孢子

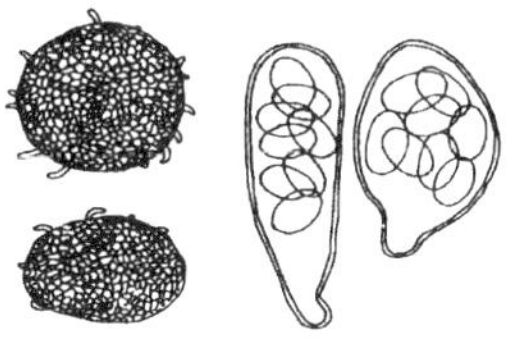

图 7-3　布氏白粉菌属的闭囊壳、子囊和子囊孢子

② 布氏白粉菌属(*Blumeria*):闭囊壳上的附属丝不发达,呈短菌丝状,闭囊壳内含多个子囊,如图 7-3。观察小麦白粉病(*B. graminis*)病叶标本,注意病部的白色粉状物和小黑点。挑取小麦白粉病病叶的小黑点制片,在显微镜下检查有无孔口、闭囊壳表面附属丝的形状和着生部位,同上方法观察闭囊壳内子囊的数目及形态,或取布氏白粉菌属的永久玻片标本进行观察。

③ 单丝壳属(*Sphaerotheca*):闭囊壳内仅一个子囊,内含 8 个子囊孢子。附属丝菌丝状,常与菌丝纠结,如图 7-4。观察蔷薇白粉病(*S. pannosa*)病叶标本,注意病部的白色粉状物和小

黑点。挑取蔷薇白粉病病叶的小黑点制片，在显微镜下检查有无孔口、闭囊壳表面附属丝的形状和着生部位。同上方法观察闭囊壳内子囊的数目及形态，或取单丝壳属的永久玻片标本进行观察。

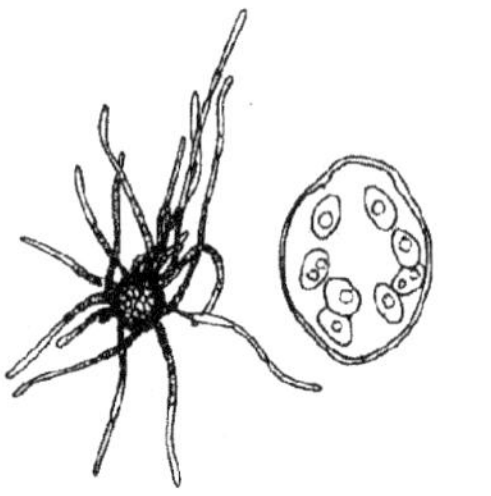

图 7-4　单丝壳属的闭囊壳、子囊和子囊孢子

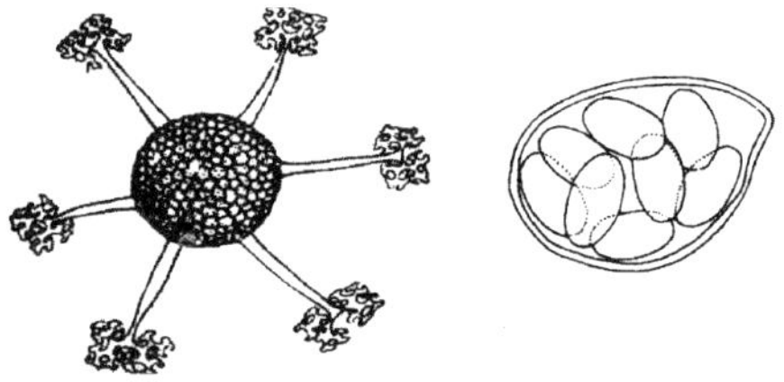

图 7-5　叉丝壳属的闭囊壳、子囊和子囊孢子

④ 叉丝壳属(*Microsphaera*)：闭囊壳内含多个子囊，附属丝刚直，顶端有多轮二叉状分支，末端常卷曲，如图 7-5。观察核桃白粉病(*M. yamadai*)标本，注意病部的白色粉状物和小黑点。挑取核桃白粉病病叶的小黑点制片，在显微镜下检查有无孔口、闭囊壳表面附属丝的形状和着生部位。同上方法观察闭囊壳内子囊的数目及形态，或取叉丝壳属的永久玻片标本进行观察。

⑤ 叉丝单囊壳属(*Podosphaera*)：闭囊壳内仅一个子囊。附属丝刚直，顶端二叉状分支，如图 7-6。观察苹果白粉病(*P. leucotricha*)病叶标本，注意病部的白色粉状物和小黑点。挑取苹果白粉病病叶的小黑点制片，在显微镜下检查有无孔口、闭囊壳表面附属丝的形状和着生部位。同上方法观察闭囊壳内子囊的数目及形态，或取叉丝单囊壳属的永久玻片标本进行观察。

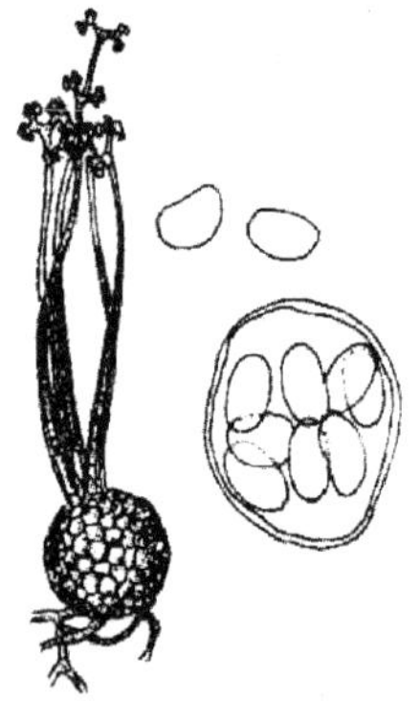

图 7-6　叉丝单囊壳属的闭囊壳、子囊和子囊孢子

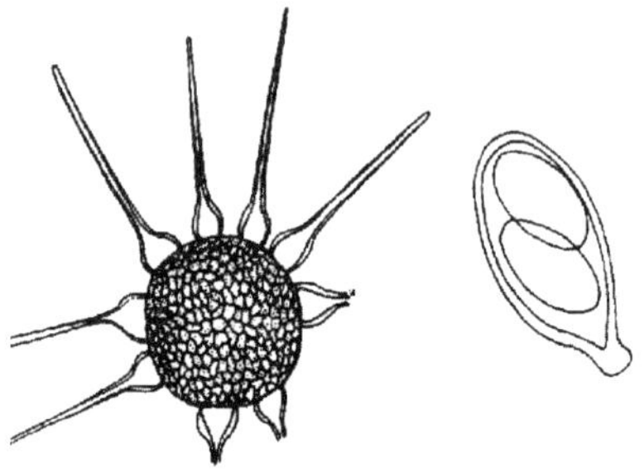

图 7-7　球针壳属的闭囊壳、子囊和子囊孢子

⑥ 球针壳属(*Phyllactinia*)：闭囊壳内含多个子囊，附属丝刚直如长针，基部膨大呈半球形，如图 7-7。观察梨白粉病病叶标本，注意病部的白色粉状物和小黑点。挑取梨白粉病病叶的小黑点制片，在显微镜下检查有无孔口、闭囊壳表面附属丝的形状和着生部位。同上方法观察闭囊壳内子囊的数目及形态，或取球针壳属的永久玻片标本进行观察。

⑦ 钩丝壳属(*Uncinula*)：闭囊壳内有多个子囊，附属丝顶端卷曲成钩状或螺旋状，如图 7-8。观察榆树白粉病(*U. clandestina*)病叶标本，注意病部是否有白色粉状物和小黑点。挑取榆树白粉病病叶的小黑点制片，在显微镜下检查有无孔口、闭囊壳表面附属丝的形状和着生部位。同上

方法观察闭囊壳内子囊的数目及形态，或取钩丝壳属的永久玻片标本进行观察。

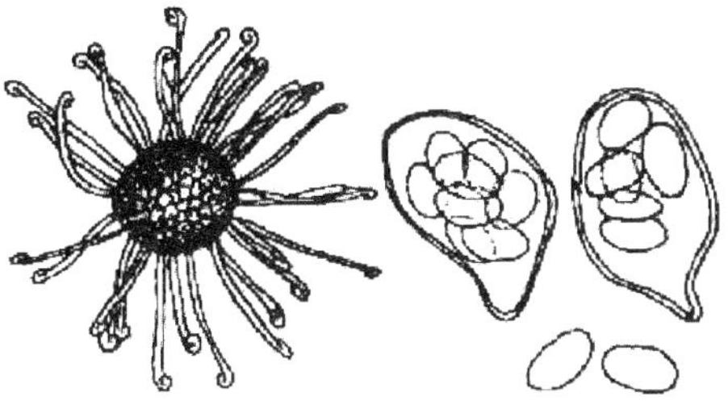

图 7-8　钩丝壳属的闭囊壳、子囊和子囊孢子

(2) 球壳目

球壳目(Sphaeriales)是核菌纲最大的目，子囊果为子囊壳，内生束生或整齐排列的子囊，子囊间大都有侧丝，壳口有缘丝。球壳目菌物大都腐生，也有不少寄生，引起重要植物病害的主要有以下一些属。

① 长喙壳属(*Ceratocystis*)：子囊壳长颈烧瓶形，基部球形，有一细长的颈部，顶端裂为须状。子囊散生，在子囊壳内不形成子实层，子囊之间无侧丝，子囊壁早期溶解，子囊孢子小、单胞、无色、形状多样，如图 7-9。观察甘薯黑疤病(*C. fimbita*)标本，注意病斑颜色和形状，病斑是否凹陷，其上是否有毛刺状物。观察甘薯黑疤病菌培养物，挑取病菌灰白色物中间深褐色或黑色毛刺状小点，观察病菌的子囊壳及喙的形态特征；然后轻压盖玻片将子囊壳压破，观察子囊孢子的形态特征。或取长喙壳属的永久玻片标本进行观察。

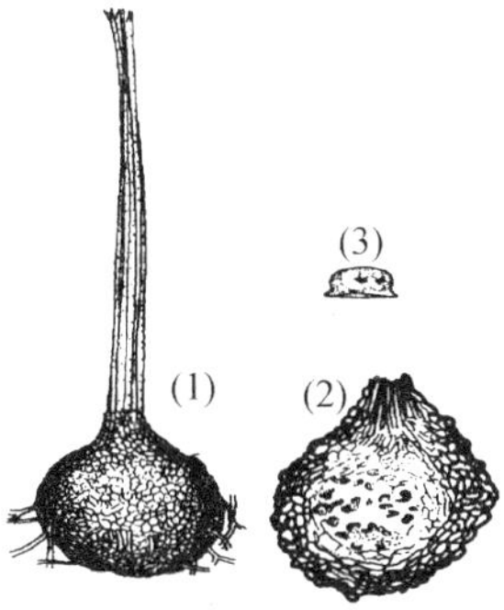

图 7-9　长喙壳属

(1) 子囊壳；(2)；子囊壳剖面；(3) 子囊孢子

(仿许志刚，2003)

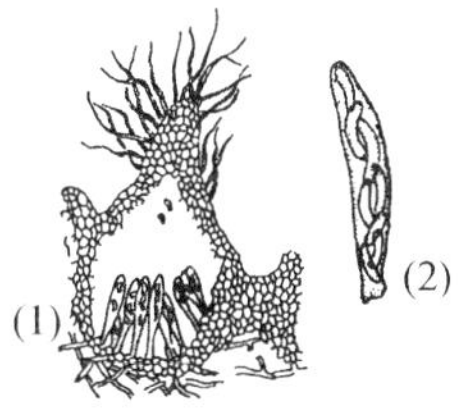

图 7-10　小丛壳属

(1) 子囊壳；(2) 子囊及子囊孢子

(仿陆家云，1997)

② 小丛壳属(*Glomerella*)：子囊壳深褐色，瓶形，丛生在子座上，或半埋生于子座内，壳壁有毛，子囊壳内不形成侧丝；子囊棍棒形，无柄，成熟后子囊壁胶化；子囊孢子长圆形，直或略弯，单细胞，无色，萌发时为双细胞，寄生，引起植物的炭疽病，如图 7-10。取苹果炭疽病(*G. cingulata*)标本，观察症状特点，注意病斑是否凹陷，其上是否有小黑点长出。取小丛壳属的永久玻片标本，镜检观察子囊壳、子囊和子囊孢子的形态特征。

③ 黑腐皮壳属(*Valsa*)：子囊壳埋生于子座内，有长颈伸出了座。了囊孢了单细胞、无色、香

蕉形,如图 7-11。取苹果腐烂病(*V. mali*)标本,观察症状特点,注意发病部位,病斑形态、颜色和气味,小黑点大小及疏密程度等特点。取黑腐皮壳属的永久玻片标本,镜检子囊壳的形状、颜色、着生部位及子囊壳和子囊孢子的形态。

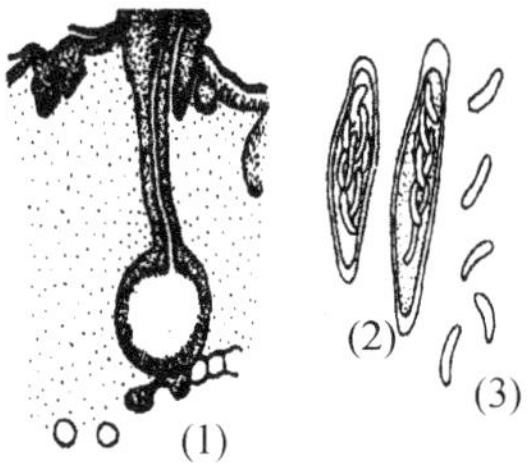

图 7-11 黑腐皮壳属

(1)着生于子座中的子囊壳座;(2) 子囊;(3)子囊孢子

(仿李怀芳,2001)

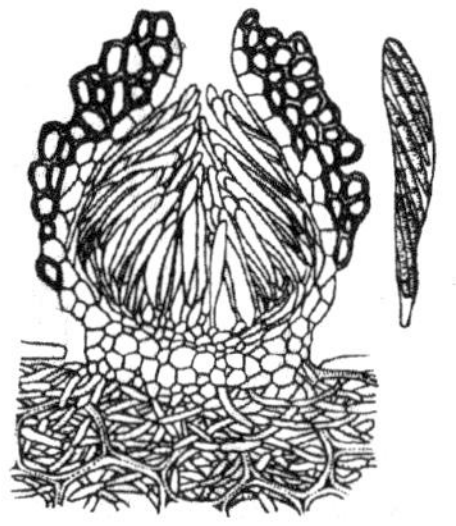

图 7-12 赤霉属的子囊壳和子囊

(仿许志刚,2003)

④ 赤霉属(*Gibberella*):子囊壳散生或聚生,壳壁蓝色或紫色。子囊棍棒状,内含 8 个子囊孢子。子囊孢子梭形、无色,2～4 个隔膜,如图 7-12。取小麦赤霉病标本,观察症状特点,注意病穗上的红霉。取培养在麦粒上的子囊壳制作临时玻片,镜检观察其子座、子囊壳的形状和颜色、子囊和子囊孢子的形态及排列方式,或取赤霉属的永久玻片标本进行观察。

⑤ 顶囊壳属(*Gaeumannomyces*):子囊壳埋生于基质内,顶端有短的喙状突起。子囊棍棒状,内含 8 个子囊孢子,成熟时囊壁易消解。子囊孢子细线状,多细胞,如图 7-13。取小麦全蚀病(*G. graminis*)标本,观察症状特点,注意叶鞘内有无黑色小颗粒状物。取含有子囊壳的叶鞘做切片,置显微镜下观察子囊壳、子囊和子囊孢子的形态,或取顶囊壳属的永久玻片标本进行观察。

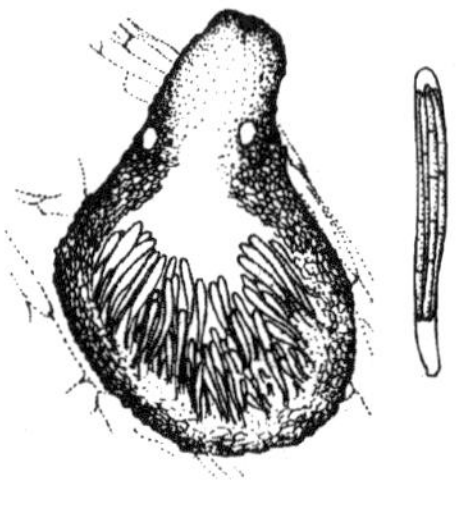

图 7-13 顶囊壳属的子囊壳和子囊

(仿许志刚,2003)

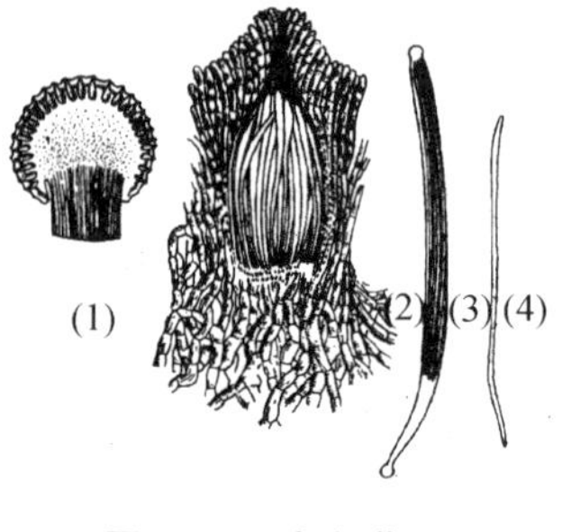

图 7-14 麦角菌属

(1) 子囊壳着生在子座顶端头状体上;(2) 子囊壳;

(3) 子囊;(4) 子囊孢子

⑥ 麦角菌属(*Claviceps*):危害禾本科植物小穗形成菌核,菌核萌发产生有长柄的头状子座。子囊壳着生于子座内,子囊长筒形,子囊孢子丝状,如图 7-14。观察小麦麦角病标本中麦角的形态特征。取麦角菌属的永久切片,镜检观察头状子座、子囊壳、子囊和子囊孢子的形态特征。

(3) 小煤炱目

小煤炱目(Meliolales)系高等植物的外部寄生菌,多生于温暖地区的树木和灌木上。暗褐色、厚壁的菌丝体以附着枝固定在寄主的表面,呈辐射状扩展,形成一层黑色的"烟煤"。

小煤炱属(*Meliola*):菌丝体表生,黑色,有附着枝及刚毛,闭囊果球形,有的附有刚毛,子囊孢子椭圆形,褐色,2～4个隔膜,如图7-15。取油茶烟煤病标本,观察闭囊壳着生情况。刮取黑煤状物制成临时玻片,或取小煤炱属的永久标本,镜检观察菌丝特点及子囊孢子形状。

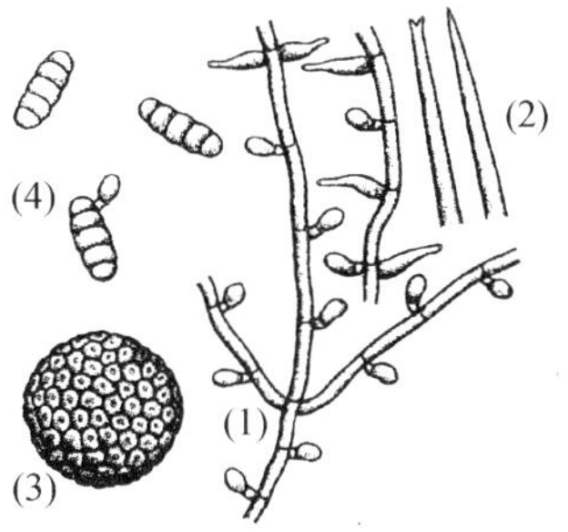

图7-15　小煤炱属

(1)菌丝具有头状附着枝和瓶状附着枝;(2)菌丝刚毛;(3)子囊壳;(4)子囊孢子

(仿胡炎兴,1996)

表7-1　子囊菌分纲检索表

1 子囊果和产囊丝缺;菌体由菌丝或酵母状细胞构成 ………………… 半子囊菌纲(Hemiascomycetes)

1′ 子囊果和产囊丝有;菌体由菌丝构成 ……………………………………………… 2

2 子囊双膜,发生在子囊座内 …………………………………………… 腔菌纲(Loculoascomycetes)

2′ 子囊单膜(单层壁);如为双层壁,子囊果为子囊盘 ……………………………… 3

3 子囊散生在没有孔口的闭囊壳内;子囊壁易消失;子囊孢子无隔膜 ………… 不整囊菌纲(Plectomycetes)

3′ 子囊整齐地排列在子囊果的基部或周围的果壁上;子囊壁除少数外不消失 ……………… 4

4 节肢动物上的外寄生菌;菌体不发达;子囊生在子囊壳内 ………………… 虫囊菌纲(Laboulbeniomycetes)

4′ 不是节肢动物上的外寄生菌 ……………………………………………… 5

5 子囊生在有孔口的子囊壳内,或生在无孔口的闭囊壳内 ………………… 核菌纲(Pyrenomycetes)

5′ 子囊着生在盘状或杯状子囊盘内,或者发生在一个变态的子囊盘表面;
子囊盘常常是大型的 ……………………………………………… 盘菌纲(Discomycetes)

表7-2　核菌纲分目检索表

1 菌丝体外生;子囊果无孔口(高等植物的专性寄生菌) ……………………………… 2

1′ 菌丝体内生,子囊果有或无孔口(高等植物的非专性寄生菌) ………………………… 3

2 菌丝体暗色,具附着枝;子囊孢子暗色,大多具3～4个横隔膜 ……………… 小煤炱目(Meliolales)

2′ 菌丝体无色,没有附着枝,通过吸器从寄主组织内吸收养分;子囊孢子单孢,无色 … 白粉菌目(Erysiphales)

3 子囊果没有真正的孔口,通过顶端大型细胞的胶化而开口的 ……………… 冠囊菌目(Coronophorales)

3′ 子囊果有孔口,如果子囊果没孔口,则子囊果顶端没有胶化的细胞 ……………… 球壳目(Sphaeriales)

表7-3　白粉菌主要属检索表

1 闭囊壳内单个子囊 ……………………………………………………… 2

1′ 闭囊壳内多个子囊 ……………………………………………………… 3

2 附属丝菌丝状 …………………………………………………… 单囊壳属(*Sphaerotheca*)

2′ 附属丝刚直,较粗,顶端二叉状重复分枝,分枝末端螺旋状卷曲 ……………… 叉丝单囊壳属(*Podosphaera*)

3 附属丝菌丝状 …………………………………………………………………………………………… 4
3′ 附属丝非菌丝状 ……………………………………………………………………………………… 5
4 附属丝发育不良,较短 …………………………………………………………… 布氏白粉菌属(*Blumeria*)
4′ 附属丝较长 …………………………………………………………………………… 白粉菌属(*Erysiphe*)
5 附属丝刚直,基部膨大,顶端尖锐 ………………………………………………… 球针壳属(*Phyllactinia*)
5′ 附属丝基部不膨大 …………………………………………………………………………………… 6
6 附属丝粗,刚直,顶端二叉状重复分枝,分枝末端卷曲 ……………………… 叉丝壳属(*Microsphaera*)
6′ 附属丝不分枝,顶端卷曲 …………………………………………………………… 钩丝壳属(*Uncinula*)

作业及思考题

(1) 任选白粉菌三个属,绘出形态图并标注各部位的名称。
(2) 绘制外囊菌属、长喙壳属、黑腐皮壳属和小煤炱属菌物的形态图。
(3) 子囊菌分纲的根据是什么?各纲之间的主要区别何在?
(4) 子囊菌的有性生殖过程及有性生殖在生活史中有何意义?
(5) 白粉菌目和小煤炱目在寄生性和形态特征上有何异同?

实验8　子囊菌及其所致病害(二)

【实验目的】

掌握腔菌纲和盘菌纲菌物的基本特点，与植物病害有关的重要属的形态特征、分类依据及所致主要病害的症状特点。

【实验原理】

腔菌纲的子囊果为子囊腔，即子囊果壁是子座性质的，顶端孔口也是子座溶解而形成的，多数子囊腔内子囊束生或平行排列，有的子囊间有子座溶解而来的丝状残余物即拟侧丝。腔菌与核菌不同的另一特征是子囊为双层壁。腔菌纲分 5 个目，其中与植物病害关系较大的是多腔菌目(Myriangiales)、座囊菌目(Dothideales)和格孢腔菌目(Pleosporales)；盘菌纲的子囊果为子囊盘。盘菌大多数为腐生菌，只有少数为植物寄生菌，有些产生大型肉质子囊果，可食用。盘菌纲分为 7 个目，与植物病害有关系的是星裂菌目和柔膜菌目。

【实验材料】

① 葡萄黑痘病、苹果黑星病、油菜菌核病等新鲜标本；

② 痂囊腔菌属(*Elsinoe*)、黑星菌属(*Venturia*)、核盘菌属(*Sclerotinia*)、散斑壳属(*Lophodermium*)等的永久玻片标本。

【实验设备及用品】

灭菌培养皿，酒精灯，火柴，纱布，挑针，镊子，载玻片，盖玻片，浮载剂，吸水纸，显微镜，擦镜纸等。

【实验步骤】

1. 腔菌纲

腔菌纲(Loculoascomycetes)分 5 个目，其中与植物病害关系较大的是多腔菌目(Myriangiales)、座囊菌目(Dothideales)和格孢腔菌目(Pleosporales)。

(1) 多腔菌目

多腔菌目(Myriangiales)每个子囊腔中只有一个子囊，而每个子座中有许多子囊腔，不规则地分布在子囊座内。子囊圆形、厚壁，含 8 个子囊孢子，子囊孢子多隔或砖隔。子囊腔无孔口，双层壁，子囊内膜膨胀将外膜胀裂，从而弹射子囊孢子。

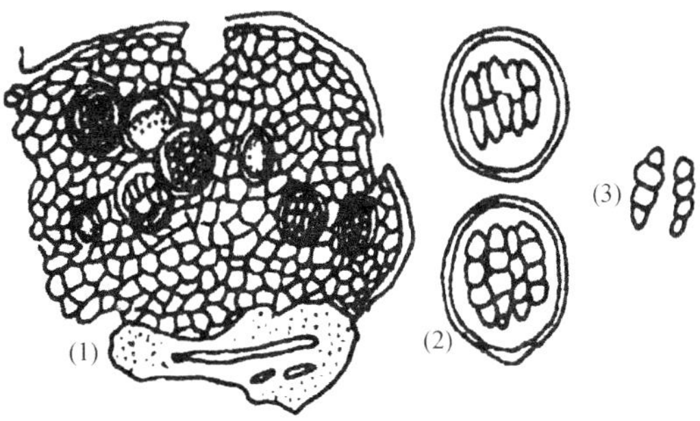

图 8-1　痂囊腔菌属

(1) 散生在子囊腔中的子囊座；(2) 子囊；(3) 子囊孢子

(仿宗兆锋，2002)

痂囊腔菌属(*Elsinoe*)：每个子囊腔中只有一个球形的子囊。子囊孢子多长圆形，无色，有3个横隔，如图8-1。此类菌物大都侵染寄主的表皮组织，往往引起细胞增生和形成木栓化组织，使病斑表面粗糙或突起，因此由它引起的病害一般称为疮痂病。取葡萄黑痘病标本，观察症状特点。取痂囊腔菌属的永久玻片标本，镜检观察子囊着生状态，子囊和子囊孢子的形态特征。

(2) 座囊菌目

座囊菌目(Dothideales)子囊成束，呈扇形排列在子囊腔内，子囊之间无不孕的丝状体。较大型的子座内有多个子囊腔，有的子座很小，里面只有一个子囊腔，为假囊壳。子囊呈倒棍棒状或短圆筒状。子囊孢子一般只有一个隔膜。孔口是子座组织溶生的，或者是裂生而有缘丝的。此目菌物多为植物叶片的寄生菌。

球腔菌属(*Mycosphaerella*)：子囊座球形或亚球形，散生在寄主叶片表皮下，后期常突破表皮外露。子囊圆筒形或棍棒形，初期束生，后平行排列，子囊间无侧丝。子囊孢子椭圆形，无色，双胞，大小相等，如图8-2。取球腔菌属的永久玻片标本，镜检观察子囊腔、子囊、子囊孢子的形态特征。

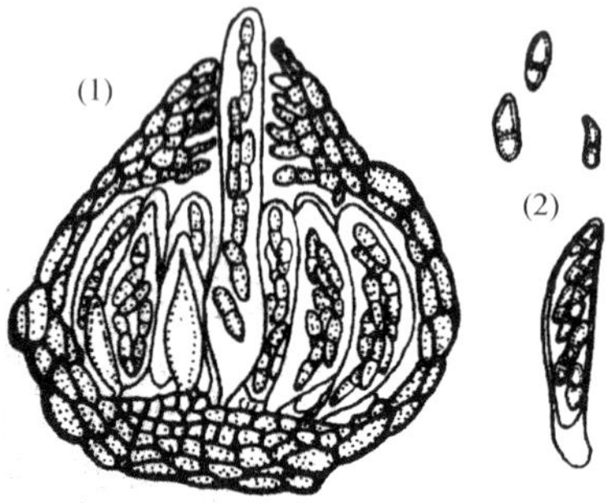

图8-2　球腔菌属

(1) 假囊壳；(2) 子囊和子囊孢子

(仿许志刚，2003)

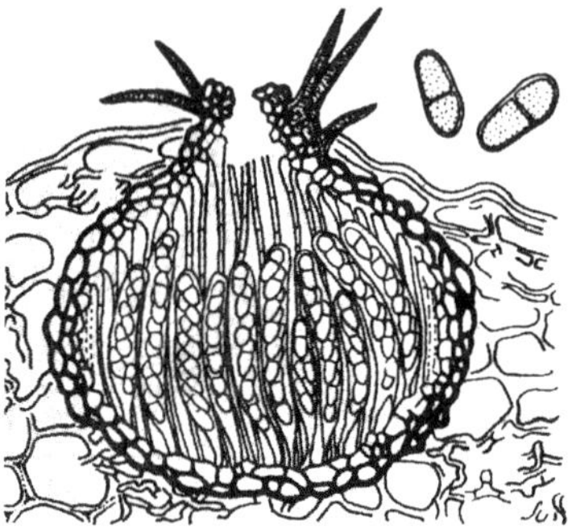

图8-3　黑星菌属

具刚毛的假囊壳和子囊孢子

(仿 Arnaud)

(3) 格孢腔菌目

格孢腔菌目(Pleosporales)有一个或多个子囊腔。若形成假囊壳，通常比座囊菌目的稍大，子囊之间有拟侧丝，子囊圆柱状，子囊孢子形状多样，一般是多隔或砖隔的。假囊壳多单生，也有聚生的。腐生和寄生均有，寄生菌主要为害植物的叶片。

黑星菌属(*Venturia*)：假囊壳大多在病植物残余组织的表皮下形成，上部有黑色、多隔的刚毛。子囊圆筒形，平行排列。子囊孢子椭圆形，双细胞，大小不等，如图8-3。取苹果黑星病标本，观察症状特点。取黑星菌属的永久玻片标本，镜检子囊壳、子囊和子囊孢子的形态。

2. 盘菌纲

盘菌纲(Doscomycetes)分为7个目，与植物病害有关系的是星裂盘菌目和柔膜菌目。

(1) 星裂盘菌目

星裂盘菌目(Phacidiales)子囊盘形成于寄主组织的子座中，剖面多呈双凸透镜状。子囊成熟后，子实层通过子座上部组织的裂缝或星状开裂而外露。

散斑壳属(*Lophodermium*):子囊盘椭圆形,黑色,张开时纵裂成长缝。子囊棍棒形,子囊孢子线形,单胞,如图 8-4。取散斑壳属的永久玻片标本,镜检观察子囊壳、子囊和子囊孢子的形态。

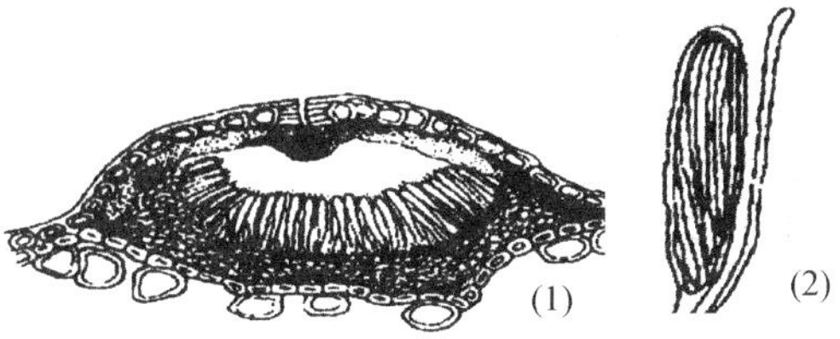

图 8-4 散斑壳属

(1) 子囊盘;(2) 子囊和子囊孢子(仿朱天辉,2002)

(2) 柔膜菌目

柔膜菌目(Helotiales)子囊盘形状多样,肉质、滑骨质或革质,有柄或无柄,着生在基质表面或半埋生于基质内,也有的产生于菌核上。子囊棍棒形,无囊盖,子囊间有侧丝。

核盘菌属(*Sclerotinia*):核盘菌属的主要特征是菌丝体可以形成菌核,长柄的褐色子囊盘产生在菌核上。子囊圆筒状或棍棒状。子囊孢子椭圆形或纺锤形,单胞,无色,如图 8-5。取核盘菌属的永久玻片标本,镜检观察子囊盘、子囊、子囊孢子的形态特征。

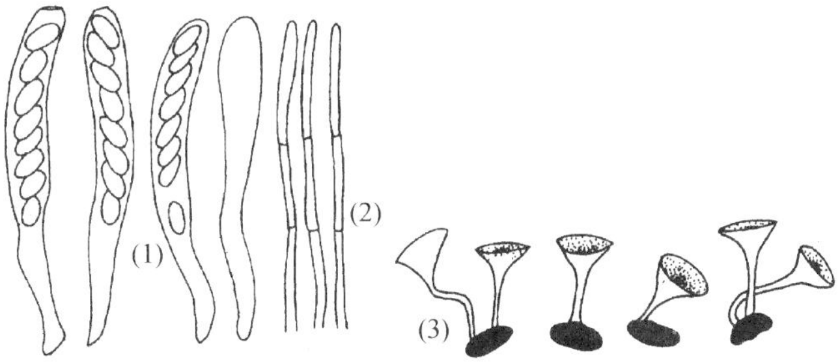

图 8-5 核盘菌属

(1) 子囊;(2) 侧丝;(3) 从菌核上生出的子囊盘

(仿邢来君,1999)

作业及思考题

(1) 绘制球腔菌属、黑星菌属、散斑壳属和核盘菌属的形态图。

(2) 如何区别子囊壳、子囊腔、子囊盘和闭囊壳?如何区别顶生侧丝、侧丝和假侧丝?

(3) 子囊腔和子囊壳形成过程有何不同?

实验9　担子菌及其所致病害(一)

【实验目的】

着重掌握锈菌目中各主要属的形态特征和典型生活史，以及分类依据和所致重要植物病害。了解担子菌门菌物子实体的复杂性。

【实验原理】

锈菌是担子菌中重要的植物病原菌之一。由于在生产上的重要性，按照《菌物词典》(第10版，2008)，担子菌门(Basidiomacota)分类变化较大，在下面分为3个亚门，其中把过去冬孢菌纲中的锈菌直接提升为一个单独的锈菌亚门(Urediomycotina)。它分布极为广泛，全部为植物寄生菌，主要为害茎、叶、花、果等部位，大多为局部侵染，在发病部位形成铁锈色的锈状物，是识别和诊断锈病的主要依据。已知锈菌有150个属，6000余种，国内锈菌分类及种类可参见庄剑云主编的《中国菌物志—锈菌(Ⅰ—Ⅲ)》。

表9-1　锈菌主要属检索表

1. 冬孢子有柄，单细胞或多细胞，单生或簇生，多突破表皮生于体外，少数
埋生在胶质中 …………………………………… 柄锈科(Pucciniaceae)2

1. 冬孢子无柄，单细胞，聚集成层、垫状或柱状着生在寄主表皮皮层
或胶质层下 …………………………………… 栅锈菌科(Melampsoraceae)5

2. 冬孢子单胞 …………………………………… 单孢锈菌属(*Uromyces*)

2. 冬孢子多胞 …………………………………… 多孢锈菌属(*Phragmidium*)

3. 冬孢子双胞 …………………………………… 4
冬孢子壁厚，柄不胶化 …………………………………… 柄锈菌属(*Puccinia*)

4. 冬孢子壁薄，柄长，遇水胶化 …………………………………… 胶锈菌属(*Gymnosporangium*)

4. 冬孢子成小簇，表面有疣突 …………………………………… 疣双胞锈属(*Tranzschelia*)

5. 冬孢子成堆，孢子上、下、左、右互相联合 …………………………………… 6

6. 冬孢子堆圆柱状，突出寄主体外 …………………………………… 柱锈菌属(*Cronartium*)

6. 冬孢子堆不是圆柱形，孢子多层，埋藏于寄主表皮下 …………………………………… 层锈菌属(*Phakopsora*)

7. 冬孢子堆单层，仅孢子侧面互相联合 …………………………………… 3

7. 冬孢子萌发时，本身产生分隔，成为四细胞的担子 …………………………………… 鞘锈菌属(*Coleosporium*)

8. 冬孢子萌发时，自顶部长出担子 …………………………………… 栅锈菌属(*Melampsora*)

锈菌引起的病害由于具有锈粉状物的病症，诊断和识别较为容易，但锈菌的分类鉴定则较为困难，主要是因为锈菌的形态和生活史都十分复杂，对于初学者来说较难掌握，表现在以下几方面。

(1) 许多锈菌具有多型性现象。即在它的生活史中可以产生5种类型的孢子，分别为性孢子、锈孢子、夏孢子、冬孢子和担子孢子，这五种孢子依次用数字0，Ⅰ，Ⅱ，Ⅲ，Ⅳ来表示，当然并不是每一种锈菌在整个生活史中都产生五种孢子类型，有的可能只产生其中的几种，有的产生其中的冬孢子，有的产生性孢子、夏孢子，所以不同的锈菌其生活史是不一样的。锈菌根据其生活史的不同可以分为以下几种。

①全型锈菌(eu-form)：即在生活史中可以产生全部的 5 种孢子类型，如禾本科柄锈菌(*Puccinia graminis*)；

② 缺夏孢型锈菌(opsis-form)：又称缺夏型，一生中不产生夏孢子阶段，如梨胶锈菌(*Gymnosporangium yamada*)；

③ 简短型锈菌(brachy-form)：此锈菌缺少锈孢子阶段，如阿嘉菊柄锈菌(*Puccinia calcitrapae*)；

④ 短型锈菌(micro-form)：又称冬孢型，冬孢子为唯一产生的双核孢子，如细纹单胞锈菌(*Uromyces striatellus*)；

⑤ 内端型锈菌(endo-form)：又称春孢锈菌，缺少夏孢子和冬孢子阶段，如鸡爪簕内锈菌(*Endophyllum giffithiae*)。

(2) 锈菌的转主寄生现象。转主寄生现象是指一些锈菌要在两种分类上完全不同的寄主植物上寄生，才能完成生活史。在一种寄主上产生性孢子(0)和锈孢子(Ⅰ)，而在另一寄主上产生夏孢子(Ⅱ)、冬孢子(Ⅲ)和担孢子(Ⅳ)，如苹果梨锈菌在苹果、梨上产生性孢子、锈子腔和锈孢子，而在桧柏上产生冬孢子和担子孢子。

(3) 锈菌还表现出高度的变异和生理分化现象。在同一个锈菌中出现对不同作物品种感染力不同的类群，称为生理小种。如小麦条锈病菌(*Puccinia striiformis*)，截至 2011 年已鉴定出 34 个生理小种。

锈菌的分类主要是根据冬孢子的形态、排列和萌发方式，目以下分为柄锈菌科、栅锈菌科、鞘锈菌科和半知锈菌等，也有采用 Cummis 和 Hiratsuka(1983)分为 14 个科的。

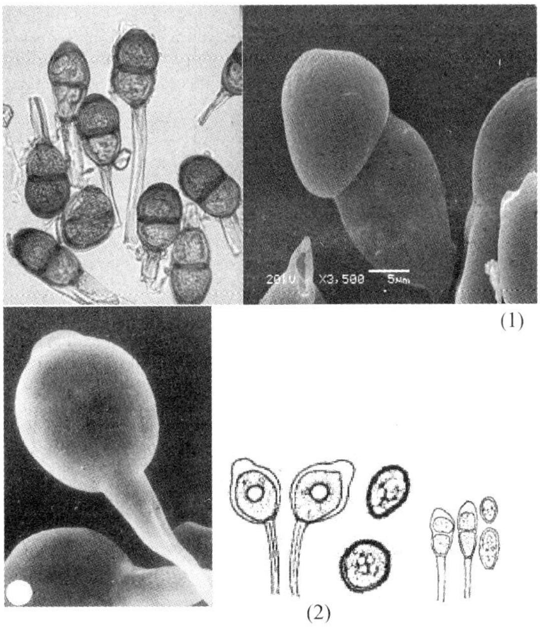

图 9-1　锈菌冬孢子扫描电镜(SEM)图

(1) 柄锈菌属(*Puccinia*)；(2) 单胞锈菌属(*Uromyces*)

【实验材料】

小麦秆锈病菌(*Puccinia graminis*),小麦条锈病菌(*Puccinia striiformis*),梨锈病菌(*Gymnosporangium haraeanum*),菜豆锈病菌(*Uromyces appendiculatus*),燕麦冠锈病菌(*Puccinia coronata*),亚麻栅锈病菌(*Melampsora lini*),枣树锈病菌(*Phakopsora ziziphi-vulgaris*),松栎锈病菌(*Cronartium quereuum*),玫瑰锈病菌(*Phragmidium roaserugosac*)。

【实验设备及用品】

永久固定玻片,显微镜,纱布,擦镜纸,浮载剂,拨针,刀片,载玻片,盖玻片等,有关病害的标本、挂图、幻灯片。

【实验步骤】

① 柄锈菌属(*Puccinia*):冬孢子双细胞,有柄,夏孢子单细胞。观察在小麦秆锈和小麦条锈叶片上症状特征,夏孢子堆的形状、颜色和大小,并作夏孢子的玻片,在显微镜下观察夏孢子的形状,细胞壁的厚薄,有无柄,并与冬孢子进行比较有何不同;然后观察小蘖锈病的切片,在小蘖叶的上表面是否有圆形的精子器,在小蘖叶的反面是否有罩状的锈孢子器,其中锈孢子的形状怎样,是如何排列的。

② 胶锈菌属(*Gymnosporangium*):没有夏孢子阶段,冬孢子双胞,有一个可以胶化的长柄,观察梨锈病菌叶片,在梨叶感病处是否红肿,上面是否有黑色小点,这小点是病原菌的何结构,叶的反面有无黄色的毛状物,这毛状物又是病原菌的何种结构。在显微镜下进行梨锈病叶片的切片观察,注意精子器和锈孢子器的构造(与小蘖锈病的锈孢子器比较有何不同)及其锈孢子器护膜的结构,锈孢子的形状、排列,孢子内有几个细胞核。然后观察桧柏上冬孢子角的特点,冬孢子有无长柄。

③ 燕麦冠锈病菌的观察:观察患病叶、秆、叶鞘,其上产生椭圆形橙黄色小疱疮,破裂后散出黄粉,这是病原菌的夏孢子,后期另生黑色微隆起不破裂的斑点,即冬孢子堆。在显微镜下观察燕麦冠锈病菌冬孢子玻片标本,并与小麦秆锈病菌冬孢子作比较,它们有何差异。

④ 单胞锈菌属(*Uromyces*):冬孢子单细胞,有柄,顶壁较厚,夏孢子单细胞,有刺或瘤状突起,观察菜豆锈病菌冬(夏)孢子堆着生情况及颜色差异,并作玻片观察冬(夏)孢子的形态特点,注意观察冬孢子细胞个数,有无微刺,也可以观察大豆锈病菌标本,观察感病大豆标本,并制作玻片在显微镜下观察,与前面所看锈病菌作比较。

⑤ 松栎锈病菌的观察:观察患病叶片,其上着生的现状物是病原菌的何种结构。作一玻片在显微镜下观察其形态。

⑥ 多胞锈菌属(*Phragmidium*):冬孢子褐色,多细胞,直或略弯曲,挑取玫瑰锈病菌叶片的褐色锈粉状物,制片观察玫瑰锈病菌冬孢子形态或观察示范玻片标本,注意冬孢子细胞个数。

作业及思考题

绘小麦秆锈病菌冬(夏)孢子及小蘖上的精子器,锈孢子器;梨锈病菌的精子器,锈孢子器;燕麦冠锈病菌冬孢子,玫瑰锈病菌冬孢子形态图。

实验 10　担子菌及其所致病害(二)

【实验目的】

着重掌握黑粉菌目中各主要属的形态特征和典型生活史，以及分类依据和所致重要植物病害。

【实验原理】

黑粉菌是一类重要的植物病原菌物，因在侵染部位出现大量的黑色粉末，即冬孢子，故称为黑粉菌。绝大多数黑粉菌都是高等植物的寄生菌，侵染引起植物病害，出现畸形、肿瘤和矮化、花变叶等症状。侵染寄主植物有 4 种方式，了解不同侵染方式对于采取相应防治措施十分必要。

(1) 花器侵入，系统发病：病菌从植物开花时萌发侵入子房，当年不表现症状，下一年随寄主植物的萌发生长而进入到生长点，最后到达穗部，破坏花器或子房，形成黑穗，如麦类散黑穗病。

(2) 幼苗侵入，系统发病：病菌以冬孢子附着在种子表面，或在土壤中，随种子萌发从幼根或胚芽鞘侵入，系统发展，最后到达穗部，表现出症状，如高粱、玉米丝黑穗。

(3) 局部侵入，局部发病：病菌存在于土壤、粪肥和病残体上，随风传播，可以侵染寄主的任何幼嫩部位，并可在侵入部位立即出现症状，如玉米瘤黑粉病。

(4) 花器侵入，局部发病：土壤或残体上的冬孢子借气流传播，侵染花器，受侵染的子房发育成黑粉孢子堆，1 年只侵染 1 次，如稻粒黑粉病。

黑粉菌的分类依据主要是冬孢子的形状、大小、饰纹，有无不孕细胞等，其次是冬孢子萌发的特点，如萌发后担子有无分隔及担孢子侧生或顶生(图 10-1)。黑粉菌可分为许多科，约 80 多个属，1800 个种。

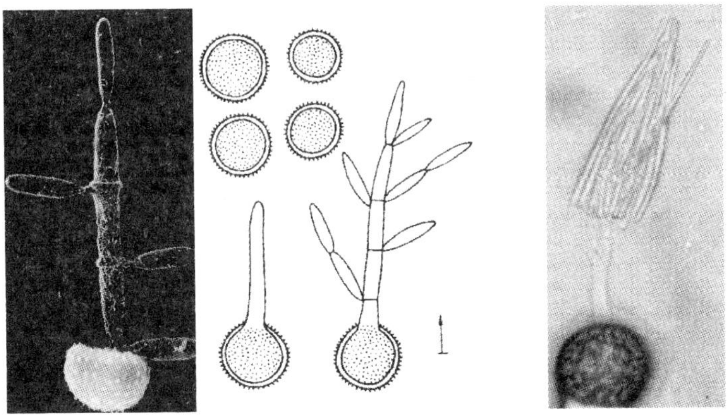

图 10-1　黑粉菌冬孢子萌发图

【实验材料】

大麦坚黑穗病菌(*Ustilago hordei*)的盒装标本、蜡叶标本、玻片标本或新鲜标本；

玉米瘤黑粉病菌(*Ustilago maydis*)的蜡叶标本、玻片标本或新鲜标本；

小麦散黑粉病菌(*Ustilago tritici*)的蜡叶标本、玻片标本或新鲜标本；

小麦腥黑穗病菌(*Tilletia caries*,网腥)、(*Tilletia foetida*,光腥)的蜡叶标本、玻片标本或新鲜标本；

水稻粒黑粉病菌(*Neovossia horrida*)的蜡叶标本、玻片标本或新鲜标本；

玉米丝黑穗病菌(*Sporisorium reiliana*)的蜡叶标本、玻片标本或新鲜标本；

水稻叶黑粉病菌(*Entyloma oryzae*)；

慈菇黑粉病菌(*Doassansia opaca*,实球),(*Doassansiopsis horiana*,虚球)；

小麦秆黑粉病菌(*Urocystis agropyri*)。

【实验设备及用品】

永久固定玻片,显微镜,纱布,擦镜纸,浮载剂,拨针,刀片,载玻片,盖玻片等,有关病害的标本、挂图、幻灯片。

【实验步骤】

① 黑粉属(*Ustilago*):冬孢子堆产生于寄主各个部位,但常在花器较多。冬孢子散生,单细胞,球形或近球形,直径大多为 2～4 μm,壁光滑或有各种纹饰,萌发产生有隔担子,侧生单孢子中某些种冬孢子萌发直接形成芽管而不形成担孢子。

大麦坚黑穗病菌的观察:病粒外有一黑色且柔韧的外膜,其内部全是黑色粉状物,为病原菌的冬孢子。制一个冬孢子萌发玻片于显微镜下观察,看到冬孢子萌发形成 4 个细胞的担子,每个细胞上着生一个孢子。

玉米瘤黑粉病菌的观察:感病组织膨大成瘤状,病瘤表面有灰色膜,其内部为黑色粉状冬孢子。在显微镜下观察冬孢子萌发的固定玻片。

小麦散黑穗病菌的观察:小麦整个花器被破坏,全部被黑色粉状冬孢子所取代,冬孢子散后病穗仅残留主轴。在显微镜下观察冬孢子萌发的固定玻片。

② 堆孢黑粉菌属(*Sporisorium*):特征和黑粉菌属相似,但孢子堆外有菌丝细胞组成的假膜包被,孢子堆中有寄主残余组织构成的中轴。

玉米丝黑穗病菌的观察:先观察感病玉米症状,受害玉米植株整个雌穗和雄穗或其中一部分为黑色粉状孢子堆替代,早期有白色包膜,破碎后黑粉飞散,残留乱发状维管束组织。在显微镜下观察病原菌萌发玻片。

③ 腥黑粉菌属(*Tilletia*):冬孢子堆生于寄主子房内,有鱼腥味,冬孢子单生,外围有淡色胶质鞘,表面有网纹或刺状突起,少数光滑,冬孢子萌发产生无隔担子,顶生担孢子,单孢子之间可以结合形成"H"形结构,然后产生次生担孢子。

观察小麦腥黑穗病菌:先看感病麦穗,病粒表面有白色被膜,内部为冬孢子.引起此病的病原有两种,一种冬孢子表面有网状花纹突起(网腥);另一种表面光滑(光腥或叫丸腥),然后取其冬孢子萌发玻片在显微镜下观察,并与前面所看的病原菌作比较。

④ 尾孢黑粉属(*Neovossia*):冬孢子堆通常产生于子房内,半胶状,冬孢子单生于产孢细胞末端,在孢子表面形成一个柄状附属丝,冬孢子大型,表面有齿状突起。

观察水稻粒黑粉病菌：稻穗个别小穗患病，病粒污绿或污黄色，成熟后颖壳的合缝处裂开，散处黑色冬孢子，冬孢子表面有齿状突起，并有一透明附属物，然后观察冬孢子萌发玻片，并与小麦腥黑穗病菌的萌发作比较。

⑤ 叶黑粉菌属(*Entyloma*)：冬孢子堆埋生在叶片，叶柄或茎组织中，不呈粉状，冬孢子圆形光滑单生，常数个孢子集结在一起。

观察水稻叶黑粉病菌：稻叶片，叶鞘受害后形成黑色短条状斑。在显微镜下观察固定玻片标本，可以看到冬孢子为多角形，黏集成冬孢子堆。

⑥ 实球黑粉菌属(*Doassansia*)

慈菇黑粉病菌的观察：受害叶片及叶柄上产生略隆起的黄色或橙黄色病斑，用显微镜观察切片，可以看到圆形、椭圆形或不规则形的孢子球，请注意观察，该病原菌是虚球还是实球黑粉病菌。

⑦ 条黑粉菌属(*Urocystis*)

麦秆黑粉病菌的观察，先观察小麦秆黑粉病的标本，然后在显微镜下观察玻片标本，其中可以看到孢子球由 1～4 个冬孢子组成，周围有圆形或长形的不育细胞。

表 10-1　黑粉菌属检索表

(Vanky,1987)

1. 孢子单生 …………………………………………………………………… 2
1. 孢子成对、成链、成群或单生 …………………………………………… 21
1. 孢子成球 …………………………………………………………………… 25
1. 孢子牢固聚集成不定形的团块内 ………………………………………… 43
2. 孢子具两层分离的膜，外膜破裂，释放出孢子(莎草科)………… 胶膜黑粉属(*Kuntzeomyces*)
2. 孢子不如以上所述 ………………………………………………………… 3
3. 孢子堆成熟时呈粉末状，生于寄主的不同部位 ………………………… 4
3. 冬孢子半粉末状至黏结，黑色 ……………………………………………
3. 孢子堆成熟非粉末状，埋生在寄主组织内 ……………………………… 15
4. 孢子大，多数 16～35 μm ………………………………………………
4. 孢子小至中等，多数 5～17 μm ………………………………………… 7
5. 孢子堆表生，在叶上形成硬皮 ………………………… 独黑粉菌属(*Orphanomyces*)
5. 孢子堆生在子房内 …………………………………………………………
6. 孢子常有明显的附属丝，小孢子多(16～70 个)局部侵染………… 尾孢黑粉菌属(*Neovossia*)
6. 孢子无附属丝，小孢子小于 16 个，系统侵染 ………………………… 腥黑粉属(*Tilletia*)
7. 孢子堆有不育的丝状体 …………………………………………………… 8
7. 孢子堆无不育丝状体 ……………………………………………………… 10
8. 不育的丝状体呈螺旋状盘卷 …………………………… 法氏黑粉菌属(*Franzpetrokia*)
8. 不育丝状体不如上述 ……………………………………………………… 9
9. 丝状体自寄主生出，孢子产生于腔内 ………………………… 里罗黑粉菌属(*Liroa*)
9. 丝状体自菌丝束生出，孢子不产生在腔内 …………………… 丝黑粉属(*Farysia*)
10. 孢子堆在花药内，孢子团色浅，呈紫色，先菌丝 3～4 个细胞，易分离………… 微球菌属(*Microbotryum*)
10. 孢子堆在寄主不同部位，孢子团深色，先菌丝不如上述 ………………… 11
11. 孢子堆有包被及中轴，最初孢子成串………………………… 轴黑粉属(*Sphacelotheca*)

11. 无包被和中轴，孢子不成串 ……………………………………………… 黑粉菌属(*Ustilago*)
12. 孢子堆环绕种子(蓼科的) ……………………………………………………………… 13
12. 孢子堆不如上述 ……………………………………………………………………… 14
13. 孢子具一深色赤道带和浅色极区……………………………………… 环带黑粉属(*Planetella*)
13. 孢子不如上述，先菌丝 2 个细胞 ………………………………… 碳黑粉菌属(*Anthracoidea*)
14. 孢子堆环绕花轴，先菌丝 4 个细胞，侧生小孢子 ……………………… 核黑粉菌属(*Cintractia*)
14. 孢子堆在茎上，呈泡状，先菌丝有隔，具顶生小孢子 …………………… 硬皮黑粉(*Pericladium*)
14. 孢子堆在叶上呈瘤状，孢子有一个发芽孔， ………………………… 柱堆黑粉属(*Citractiella*)
15. 孢子堆形成不规则瘿瘤 …………………………………………………………………… 16
15. 孢子堆形成斑点，有时在叶或茎上形成泡斑或隆起 ……………………………………… 17
16. 瘿瘤多腔，孢子细胞外生，有色，埋入胶质中……………………… 瘤黑粉属(*Melanopsichium*)
16. 瘿瘤非多腔，在根上，孢子内生，浅色 ………………………………… 根肿黑粉属(*Entorrhiza*)
17. 孢子有色素，深色 ……………………………………………………………………… 18
17. 孢子浅色 ………………………………………………………………………………… 19
18. 孢子暗红褐色……………………………………………………………… 黑斑黑粉属(*Melanotaenium*)
18. 孢子淡黄色或淡红褐色(少数种) ………………………………………… 腥黑粉菌属(*Tilletia*)
19. 黑粉菌属(*Ustilago*)型萌发方式 ………………………………… 叶斑黑粉菌属(*Ustilentyloma*)
19. 腥黑粉菌属(*Tilletia*)型萌发方式 ……………………………………………………… 20
20. 孢子柠檬形，具一个乳突及一附属丝 ………………………… 钩孢黑粉菌属(*Rhamphospora*)
20. 孢子不如上述 ……………………………………………………………… 叶黑粉属(*Entyloma*)
21. 孢子成对，但也有单个或成群，深色 ……………………………………………………… 22
21. 孢子成链，但也有成对或单个，浅色，担孢子球形 ………………… 次罗黑粉属(*Schroeteria*)
21. 孢子成群，后期单个 ……………………………………………………………………… 24
22. 孢子同不育细胞混在一起 ………………………………………… 异孢黑粉菌属(*Mundkurella*)
22. 孢子不同不育细胞混在一起 ……………………………………………………………… 23
23. 花及花梗内的孢子堆隆起 ……………………………………… 蛤孢黑粉菌属(*Mycosyrium*)
23. 叶上的孢子堆呈条状(莎草科) ……………………………………… 黏双胞黑粉菌属(*Schizonella*)
24. 孢子和巨形细胞混在一起，孢子堆在肿大子房内 ……………… 无轴黑粉菌属(*Macalpinomyces*)
24. 孢子不和巨型细胞在一起，在椴树科茎上形成瘿瘤 ……………… 硬皮黑粉菌属(*Pericladium*)
25. 孢子堆颗粒状或粉末状，成熟时破裂 ……………………………………………………… 26
25. 孢子堆成熟时不呈粉末状，孢子球埋生，浅色 ……………………………………………… 38
26. 孢子球由孢子和不育细胞组成 ……………………………………………………………… 27
26. 孢子球仅由孢子组成 ……………………………………………………………………… 30
27. 孢子环绕不育细胞 ……………………………………………… 黏膜黑粉菌属(*Testicularia*)
27. 不育细胞环绕孢子 ………………………………………………………………………… 28
27. 不育细胞与孢子在一起，并与孢子连接 ……………………………………………………… 29
28. 不育细胞少至多，孢子萌发腥黑粉型………………………………… 条黑粉菌属(*Urocystis*)
28. 不育细胞少至无，孢子萌发黑粉菌属型 ……………………………… 褐双孢黑粉属(*Ustacystis*)
29. 孢子球有不育细胞外皮，孢子堆附在中轴上 …………………… 皮堆黑粉菌属(*Dermatosorus*)
29. 孢子球无外皮，孢子堆无中轴 ……………………………………………………… *Moesziomyces*
30. 孢子堆外生，形成黑色层 …………………………………………………………………… 31
30. 孢子堆在寄主不同部位组织内形成浅色或深色团块 ………………………………………… 33

31. 孢子球永存,孢子多少被挤扁 …………………………………………………………………… 32
31. 孢子球非永存,孢子不被挤扁,或单生 …………………………………… 独黑粉菌属(*Orphanomyces*)
32. 先菌丝多细胞,侧生大量单细胞小孢子 …………………………… 褶孢黑粉菌属(*Tolyposporium*)
32. 先菌丝单细胞,双叉分支,顶端有2个多隔小孢子 ……………………… 柱堆黑粉属(*Clintamara*)
33. 孢子堆被寄主和菌物组成的包被所包围 ………………………………………………………… 34
33. 孢子堆无包被 ……………………………………………………………………………………… 35
34. 不育细胞存在于松散的大量孢子球间,有中轴,在禾本科 …………………… 孢堆菌属(*Sporisorium*)
34. 不育细胞无或极少,无中轴,孢子球孢子少,在蔷薇科 …………………… 褐双胞黑粉(*Ustacystis*)
35. 孢子外壁厚,囊状,孢子圆形,褐色 ……………………………………… 厚壁黑粉菌属(*Tolyposporella*)
35. 孢子外壁不如上述,孢子楔形、多角形,红～黄色 ………………………………………………… 36
36. 先菌丝单胞,小孢子顶生,近弓形,孢子球多胞,永存 ………………… 球孢黑粉属(*Glomosporium*)
36. 先菌丝有隔,小孢子侧生 …………………………………………………………………………… 37
37. 孢子球多孢,易分离成单个,孢子轻微挤扁,有棱角,在石竹科 ……………… 团黑粉属(*Sorosporium*)
37. 孢子球含孢子少,多少持久性,孢子多角性或楔形 …………………………… 楔孢黑粉属(*Thecaphora*)
38. 孢子球无外皮 ……………………………………………………………………………………… 37
38. 孢子球有外皮 ……………………………………………………………………………………… 40
39. 孢子球易碎,由分支菌丝及分散其内的孢子组成 ………………… 南氏黑粉菌属(*Nannfeldtiomyces*)
39. 孢子球永久,由不育细胞拟薄壁组织及孢子组成 ………………………… 裸球孢黑粉属(*Burrillia*)
40. 孢子外壳牢固结合,孢子球中心由分支菌丝网所组成 …………………………… 栅孢黑粉属(*Tracya*)
40. 外皮为不育细胞 …………………………………………………………………………………… 41
41. 孢子球具腔穴,内充满不育细胞,孢子分散在拟薄壁组织 ……………… 网孢黑粉属(*Narasimhania*)
41. 孢子球无腔穴和空隙 ……………………………………………………………………………… 42
42. 孢子球中心由菌丝组成,孢子在菌丝与外皮间 ………………………… 假实球黑粉属(*Pseudodoassansia*)
42. 孢子球中心由拟薄壁不育细胞组成 ……………………………………… 虚球黑粉菌属(*Doassansiopsis*)
42. 孢子球的中心部分由被皮层所包围的孢子组成 ……………………………… 实球黑粉菌属(*Doassansia*)
43. 孢子团形成隆起或条纹,在禾本科上 …………………………………… 佳梅黑粉菌属(*Jamesdicksonia*)
43. 孢子团埋生在寄主组织内,在旋花科上 ………………………………… 一丛枝黑粉属(*Georgefischeria*)

作业及思考题

(1) 绘小麦腥黑穗病菌、水稻粒黑粉病菌、小麦秆黑粉病菌、慈菇黑粉病菌的图。

(2) 观察小麦腥黑穗病菌孢了萌发的特点,并绘孢子萌发图。

实验 11　担子菌及其所致病害(三)

【实验目的】

通过实验认识除了黑粉菌、锈菌以外的其他担子菌的形态,了解其致病作用和其他功用。

【实验原理】

担子菌中除了黑粉菌和锈菌两大类主要植物病原菌外,其他植物病原菌都分在担子菌中,担子菌纲菌物一般形成较为发达的大型担子果,担子果裸果型、半裸果型或被果型。以前的分类系统根据担子果的类型将它分为层菌纲和腹菌纲,现代菌物分类方法则更重视菌物的超微结构和分子生物学证据,为此淡化了担子果的类型在高阶分类中的作用,所以,除了锈菌和黑粉菌外的所有担子果的菌物都被合并为担子菌纲。

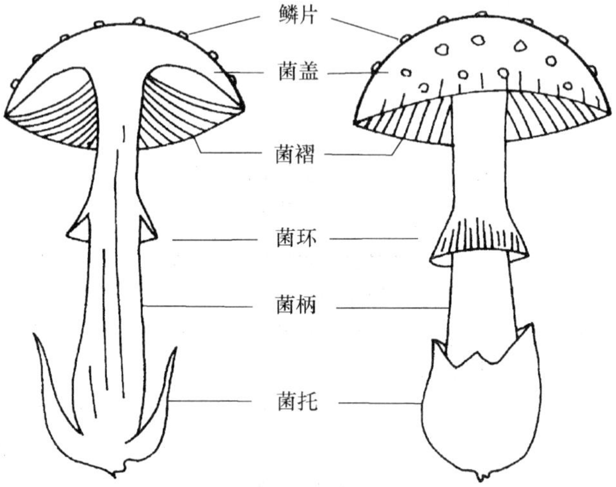

图 11-1　担子菌各部位名称示意图

担子菌纲的分类主要是根据担子有无隔膜,分为有隔担子菌亚纲(Phragmobasidiomycetidae)和无隔担子菌亚纲(Holobasidiomycetidae)。有隔担子菌亚纲大多数是腐生的,常见的有银耳目(Tremellales)、木耳目(Auriculariales)中的木耳属(*Auricularia*)、银耳属(*Tremella*)。引起植物病害的如隔担子菌属中引起膏药病的隔担子菌属(*Septobasidium*),引起木材腐朽的多孔菌属(*Polyporus*)。

无隔担子菌亚纲包含 30 个目,其中比较重要的有伞菌目(Agaricales)、胶膜菌目(Tulasnellales)、非褶菌目(Aphyllophorales)等。它们大多数为腐生,有许多可以引起木材腐朽,是木材腐烂的主要原因,少数可以为害植物,有的是森林植物的重要病原菌,也有一些与植物共生形成菌根,在植物营养吸收和抗逆性中起着重要作用,如外担子菌中侵害茶叶的茶饼病菌(*Exobasidium camellia*)和侵害水稻的纹枯病菌(*Thanatephorus*)是半知菌立枯丝核菌(*Rhizoctonia solani*)的有性阶段,可以引起很多植物的茎、根部腐烂。

在无隔担子菌中,绝大多数可产生明显的担子果,如各种伞菌和多孔菌,除部分可供食用外,大多数是有毒的,生长在土壤、枯死的枝叶和林草地富含腐殖质的土壤上。

【实验材料】

茶饼病菌(*Exobasidium vexans*)、茶网饼病菌(*Exobasidium reticulatum*)、甘属紫纹羽、樱桃膏药病的盒装标本;灵芝(*Ganoderma lucidum*)、木耳(*Auricularia auricular*)、银耳(*Tremella fuciformis*)、竹荪(*Dictyophora indusiata*)、马勃(*Lycoperdon sp.*)等干制标本;香菇(*Lentinus edodes*)、蘑菇(*Agaricus campestris*)、草菇(*Volvaria volvacea*) 新鲜食用菌。

【实验设备及用品】

生物显微镜,刀片,盖玻片,载玻片,拨针,灭菌水,酒精灯等。

【实验步骤】

(1) 外担子菌目

外担子菌目(Exobasidiales)在新分类系统中被分在了黑粉菌纲中。寄生在高等植物上,为害叶、茎、果实等,使被害部分肿大,在寄主表面形成白色的子实层,但不形成担子果,称为膏药病。担子棍棒状,每个担子上形成4~8个担孢子。

外担子菌属(*Exobasidium*):担子裸生,在寄主表面排列成子实层,实体极其简单,没有一定的子实层托,担子着生在寄主体表皮层细胞下,当它成熟后,突出寄主表皮,常引起寄主植物发生肿大。

在显微镜下观察茶饼病病组织切片标本或樱桃膏药病切片。

(2) 木耳目

木耳目(Auriculariales)大多为木材上的腐生菌,少数可寄生于高等植物上,担子果裸果型,胶质,干后呈坚硬的壳状或垫状,子实层分布于整个担子果的表面。常见的木耳(*Auricularia auricular*)是我国重要的食用菌之一。此外,与植物病害有关的是卷担子菌属(*Helicobasidium*),引起各种植物的紫纹羽病。观察木耳的担子果形态,并自己切片观察有无担孢子。观察甘薯紫纹羽盒装标本。

(3) 银耳目

银耳目(Tremellales)大部分是木材腐生菌,少数寄生,裸果型,胶质,子实层生于担子果的一侧,典型的担子以十字形纵向隔成4个细胞,每个细胞有一个小梗,其上着生一个担孢子。银耳(*Tremella fuciformis*)是本目中典型的种,也是重要的药用和食用菌。观察银耳的担子果形态。

(4) 伞菌目

伞菌目(Agaricales)又称蘑菇目,腐生于各种基质上,担子果肉质,半被果型,典型为伞状,该目中包括许多美味、营养价值很高的食用和药用菌,但也有少数是毒蘑菇,另有少数可引起树木的根腐病,其中最重要的是密环菌(*Armillaria mellea*)。观察蘑菇、香菇、草菇等食用菌的担子果形态。

(5) 非褶菌目

非褶菌目(Aphyllophorales)原名多孔菌目,种类多,其中许多可以引起木材腐烂,有的是根腐菌,如引起茶树、咖啡、可可、橡胶等树根腐病的灵芝(*Ganoderma pseudoferrem*)。

观察灵芝属(*Ganoderma*) 的子实体特点。

观察各种木腐菌的形态,如海绵皮孔菌(*Spongipelis spumeus*)的子实体形态特征、质地特点。

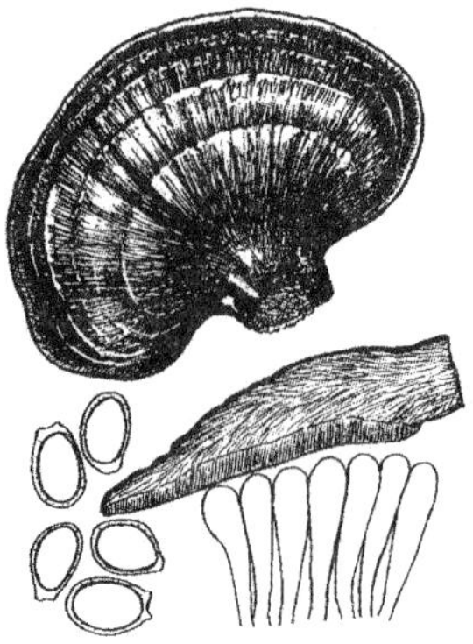

图 11-2　橡胶树灵芝(*Ganoderma pseudoferrem*)子实体及孢子

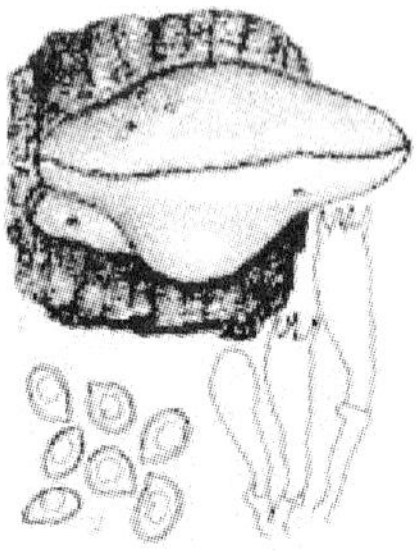

图 11-3　海绵皮孔菌(*Spongipelis spumeus*)及孢子

(6) 马勃目和鸟巢菌目

马勃目(Lycoperdales)和鸟巢菌目(Nidulariales),其担子果近球形,被果型,腐生,成熟后不开裂,而鸟巢菌成熟后开裂,内有造孢细胞形成的坚硬的蛋状小包(不是担孢子)。观察马勃和鸟巢菌的形态,注意担子果的包被,是闭果式,还是开果式。

作业及思考题

对所观察的担子子菌的生活习性和用途进行归纳,属于食用菌、药用菌、植物病原寄生菌、还是土壤分解菌。

实验 12 无性菌类——丝孢纲及其所致病害

【实验目的】

通过对半知菌中丝孢纲各类型代表菌的观察，了解丝孢纲的特点和分类依据，掌握丝孢纲主要属的形态特征及其所致主要病害的症状特点。

【实验原理】

无性菌类(Anamorphic fungi)包括不产生有性孢子或没有发现有性孢子的一大类群，过去曾叫半知菌类(fungi Imperfecti)、半知菌亚门(Deuteromycotina)、有丝分裂孢子(mitosporic fungi)等。根据新的分类系统，把这一类称为无性菌类，这类菌物与植物病害的关系密切，很多植物病害病原中，常见到无性阶段。无性菌类主要有丝孢纲和腔孢纲。其中丝孢纲(Hyphomycetes)菌物的分生孢子着生在丝状的分生孢子梗(conidiophore)或基部联合顶部分散的孢梗束(synnemata)，或生于集结而成的分生孢子座(sporochium)上，而不是着生在特定形状的分生孢子器内或分生孢子盘上，个别种类不产生任何类型的分生孢子。这类菌物菌丝发达，分枝繁茂，具隔膜，无色或有色，腐生或寄生于各种基质上，形成各种颜色的霉层，是一类重要的植物病原菌，可引起各种植物病害(图 12-1)。本纲已报道 1700 个属，11000 种，根据载孢体的有无和种类，进一步分为 4 个目。

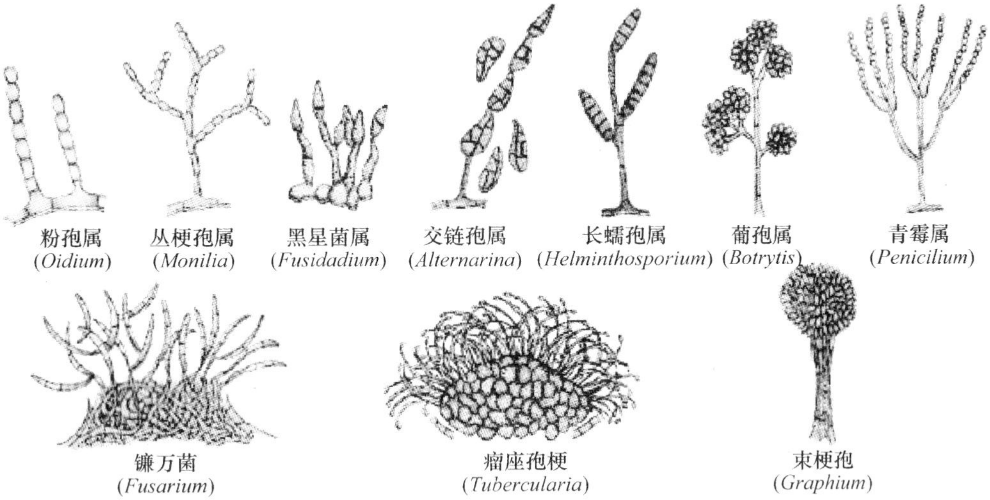

图 12-1 丝孢纲菌物的主要形态示意图

(自 Agrios, 2005)

【实验材料】

莴苣灰霉病菌(*Botrytis cinerea*)，梨黑星病菌(*Fusicladium pirinum*)，水稻稻瘟病菌(*Pyricularia grisea*)，玉米大斑病菌(*Exserohilum turcicum*)，番茄早疫病菌(*Alternaria sola-*

ni)，水稻云形病菌(*Rhynchosporium oryzae*)，黄瓜苗期立枯病菌(*Rhizoctonia solani*)，柑橘青霉(*Penicillium italium*)，根腐镰刀菌(*Fusarium solani*)。

【实验设备及用品】

永久固定玻片，显微镜，纱布，擦镜纸，浮载剂，拨针，刀片，载玻片，盖玻片等，有关病害的标本、挂图、幻灯片。

【内容和方法】

① 灰霉属(*Botrytis*)：分生孢子梗无色，顶端细胞膨大呈球形，上面有许多小梗，分生孢子单胞，无色，椭圆形，在小梗上聚集成葡萄穗状，引起多种植物灰霉病。观察莴苣灰霉病菌，先观察莴苣灰霉病的症状，然后制作临时玻片，在显微镜下观察病原菌的形态特征。

② 黑星孢属(*Fusicladium*)：分生孢子梗黑褐色，合轴式延伸，梗上有孢痕，分生孢子广梭形，1～2个细胞。主要引起梨黑星病。先观察梨黑星病的症状，然后取永久固定玻片，观察病原菌，注意分生孢子梗及分生孢子形状特点。

③ 梨孢属(*Pyricularia*)：分生孢子梗无色，细长，不分支，合轴式产孢，分生孢子梗呈曲膝状，孢子梨形至椭圆形，2～3个细胞。灰梨孢引起稻瘟病，是水稻上毁灭性的病害。观察稻瘟病菌，先观察水稻的叶稻瘟、节稻瘟、穗颈稻瘟、谷粒稻瘟等症状特点；然后取穗颈稻瘟的发病小枝梗，经恒温保湿，挑取病部灰绿色霉层，在显微镜下观察分生孢子梗和分生孢子的形态。分生孢子梨形，一般有3个细胞。

④ 突脐蠕孢属(*Exserohilum*)：分生孢子梗粗壮，合轴式延伸，孔出孢子，分生孢子梭形、圆筒形、倒棍棒形，直或弯，深褐色，脐点明显突出。引起玉米大斑病。观察玉米大斑病病叶的症状，然后在显微镜下观察病原菌的形状，是否有分隔，有几个细胞，能否看到脐点，注意脐点在几个相似属，如平脐蠕孢属(*Bipolaris*)、内脐蠕孢属(*Drechslera*)和突脐蠕孢属(*Exserohilum*)的主要区别。

⑤ 链格孢属(*Alternaria*)：分生孢子梗褐色，具曲膝状弯曲，分生孢子具有纵横隔膜，倒棍棒形，顶端有喙，单生或串生。主要引起马铃薯和番茄早疫病。观察早疫病叶片上的病斑呈同心轮纹状，上有黑色霉状物，挑取霉层，自己制片；然后在显微镜下观察病原菌，病菌有何特点，分生孢子有无纵横分隔等。

⑥ 青霉属(*Penicillium*)：分生孢子梗直立，顶端一至多次分枝，形成扫帚状，顶端产生瓶壮小梗，串生分生孢子。柑橘青霉是柑橘储藏和运输期的主要病害。观察由青霉菌引起的柑橘果腐病的症状特点，挑取其表面菌丝制片，观察青霉菌分生孢子梗及孢子，注意分生孢子梗形态特点。

⑦ 丝核菌属(*Rhizoctonia*)：本属菌物不产生任何无性孢子，侵染多种植物，引起立枯病。菌丝深色，多为直角分叉，在分枝处有缢缩，且有分隔，显微镜下清晰可见。挑取病原菌制片在显微镜下观察，注意菌丝粗细，有无隔膜，分枝角度等特点。

⑧ 镰孢菌属(*Fusarium*)：大型分生孢子多细胞，镰刀形，小孢子单细胞，该属中许多种为重要的植物病原菌。制片观察镰刀菌的形态，注意区别大小孢子，观察大孢子的顶细胞和足细胞形态，这是分类的依据之一。

作业及思考题

(1) 绘莴苣灰霉病菌、水稻稻瘟病菌、玉米大斑病菌图。

(2) 丝孢纲菌物在植物病害中的重要性如何，举例说明。

实验13　无性菌类——腔孢纲及其所致病害

【实验目的】

认识腔孢纲菌物的主要特点，掌握通过形态进行区别的主要依据。

【实验原理】

无性菌类腔孢纲也是一类很重要的植物病原物，它的菌丝体较发达，菌丝分枝繁茂，具隔膜。这类菌的特征是分生孢子产生在分生孢子盘或分生孢子器内，分生孢子器或分生孢子盘多埋生，孢子成熟时外露或部分外露，使孢子得以散布，分生孢子梗短小，着生在分生孢子盘或分生孢子器的内壁上。许多种类是重要的植物病原菌，其分生孢子盘或分生孢子器半埋在寄主角质层或表皮细胞下，在病部往往形成小黑点或小黑粒，多借雨水分散来传播分生孢子，腔孢纲多为子囊菌的无性阶段，大约有870个属，约9000种。腔孢纲分2个目（表13-1），分生孢子产生在分生孢子盘内的黑盘孢目（Melanconiales）和分生孢子产生在分生孢子器内的球壳孢目（Sphaeropsidales）。

表13-1　腔孢纲分目检索表

分生孢子产生于分生孢子盘内	黑盘孢目（Melanconiales）
分生孢子产生于分生孢子器内	球壳孢目（Sphaeropsidales）

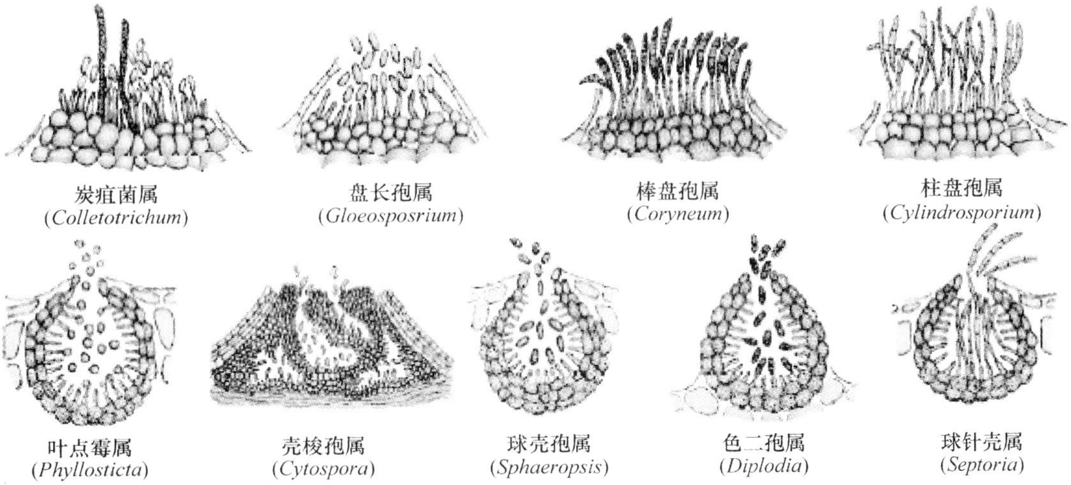

图13-1　不同属的分生孢子盘和分生孢子器形状示意图

（自 Agrios，2005）

【实验材料】

（1）黑盘孢目

黑盘孢目（Melancoiales）只有一个科：黑盘孢科（Melanconiaccac），根据分生孢子盘中有无刚毛，分生孢子梗的长短及分生孢子的细胞数目等性状，分为35个属，100个种，重要的有以下几属。

① 痂圆孢属(*Sphaceloma*)：分生孢子梗极短，不分枝，紧密地排列在子座组织上，分生孢子单细胞，卵圆形或椭圆形。

取葡萄黑痘病(*S. ampelinum*)标本，注意其症状特点，注意发生时期，受害部位，镜检葡萄黑痘病菌的制备片，注意分生孢子盘的形状有无刚毛，有无子座。

② 刺盘孢属(*Colletotrichum*)：分生孢子盘生在寄主表皮，分生孢子梗无色至褐色，短、紧密排列于分生孢子盘内，分生孢子无色单胞，长椭圆形或新月形，有时生有褐色具分隔的刚毛。引起多种植物的炭疽病，可发生在叶片、茎秆、幼苗、果实、花铃等部位，病斑大多呈褐色及红褐色，其上有肉眼可见的、整齐排列的小黑点。注意和痂圆孢属的基本区别。

取苹果炭疽病(*C. fructigenum*)、高粱普通炭疽病(*C. graminicolum*)、辣椒黑色炭疽病(*C. nigrum*)或棉花炭疽病(*C. gossypii*)标本观察其症状特点，注意受害部位，病斑形状，是否凹陷，是否产生小黑点。镜检苹果炭疽病菌制备片。

③ 盘二孢属(*Marssonina*)：盘二孢属菌物分生孢子盘极小，分生孢子卵圆形或椭圆形，无色，双细胞不等大，分隔处缢缩，引起苹果褐斑病等症状。

观察苹果褐斑病(*M. mali*)标本，注意观察其症状特点，镜检苹果褐斑病菌制备片。

(2) 球壳孢目

球壳孢目(Sphaeropsidales)是半知菌中较大的目之一，与植物病害的关系也比较密切，根据分生孢子器器壁颜色、质地以及分生孢子的形状，该目分为4个科，其中重要的球壳孢科有若干属。

① 叶点霉属(*Phyllosticta*)：分生孢子器褐色膜质，孔口圆形深褐色，器孢子单细胞，很小，卵圆形至椭圆形，孢子大小一般在15 μm以下，发生部位主要是叶部，病斑初褐色，后变灰褐色，边缘暗红色。

取苹果灰斑病(*P. pirina*)和棉花褐斑病(*R. gossypina*)标本观察症状特点，镜检苹果灰斑病菌制备片。注意观察分生孢子器及器孢子的形态，注意其与茎点霉属和大茎点霉属的区别。

② 茎点霉属(*Phoma*)：分生孢子梗极短，分生孢子单胞，无色，直径一般小于15μm，与叶点霉属相似，但寄生性较弱，主要危害植物茎部，Boerema、Sutton等人根据其分离菌株在标准条件下菌落特点、颜色、厚垣孢子形成、分生孢子器、分生孢子及产孢条件等特征提出一个类似*Fasarium*鉴定的分类系统。

取甜菜蛇眼病(*P. betae*)和大豆荚枯病(*P. glycines*)标本观察，注意发生部位及症状特点，叶斑边缘是否明确。镜检甜菜蛇眼病菌制备片，注意器孢子大小、颜色和细胞数目。

③ 大茎点菌属(*Macrophoma*)：分生孢子较大，一般直径超过15 μm。取葡萄房枯病(*M. faocida*)和苹果轮纹病(*M. kawatsukai*)标本观察，注意症状特点。

镜检苹果轮纹病菌制备片，该属与上述两属相似，注意器孢子大小与叶点菌属及茎点菌属的区别，分生孢子较大，一般超过15 μm。

④ 拟茎点菌属(*Phomopsis*)：分生孢子器中产生两种分生孢子，一种卵圆形至纺锤形，单细胞，能萌发；另一种为线形，一端弯曲呈钩状，不能萌发。

观察茄褐纹病(*P. vexans*)症状特点，取茄褐纹病菌制备片镜检分生孢子器及器孢子的形态，能否见到钩形和卵圆形两种器孢子，能否见到孢子器周围的子座组织。

⑤ 壳囊孢属（*Cytospora*）：分生孢子器着生在瘤状或球状子座组织内，器腔不规则，呈多个腔室，分生孢子香蕉形。

观察苹果树腐烂病（*C. mandshurica*）标本，注意发生部位和症状特点；用刀切取带小黑点的病皮制片（或取其制备片），镜检分生孢子器及器孢子的形态，注意分生孢子器着生在瘤状子座组织中，分生孢子器腔不规则地分为数室，分生孢子梗极细，不分枝，分生孢子香蕉形或腊肠形等特点。

⑥ 壳针孢属（*Septoria*）：分生孢子器球形，烧瓶形，分生孢子多细胞，细长筒形或长针形，直或微弯，无色。

取番茄斑枯病（*S. lycopersici*）、芹菜叶斑病（*S. apii*）和向日葵褐斑病（*S. helianthi*）标本观察症状特点，镜检芹菜叶斑病菌制备片。

取带小黑点的番茄斑枯病叶切制片，镜检分生孢子器的器孢子形态，注意器孢子针形、线形或细长筒形，多细胞，无色。

⑦ 壳二孢属（*Ascochyta*）：分生孢子卵圆形至圆筒形，双细胞，无色。

取棉花茎枯病（*A. gossypii*）标本观察其症状特点，并镜检其制备片，注意器孢子双细胞，卵圆形至圆筒形，无色。

⑧ 色二孢属（*Diplodia*）：分生孢子器散生或集生，分生孢子初单细胞，成熟后转变为双细胞，褐色至深褐色。

取玉米干腐病（*D. zeae*）和棉铃黑果病（*D. gossypina*）标本观察症状特点，镜检玉米干腐病菌制备片。注意器孢子几胞，有无颜色，和壳二孢属（*Ascochyta*）有何不同，同一孢子器内有无同时存在无色单胞的初生器孢子和深褐色或黑色双胞的成熟器孢子。

作业及思考题

（1）绘芹菜斑枯病菌或番茄斑枯病菌菌形态图。

（2）绘菜豆炭疽病菌原形态图。

（3）绘苹果褐斑病菌、茄子褐纹病菌、苹果树腐烂病菌形态图。

（4）为什么说无性菌类和子囊菌门关系极为密切？试就营养体、繁殖体形态以及为害植物的症状特点等方面加以分析。

（5）无性菌类就近分类系统的纲、目是怎样划分的？与传统分类系统有何不同？

（6）试述半知菌“模式属”、“模式种”的概念，半知菌有哪些重要的属？拉丁名字怎样写？这些属菌分别引起哪些重要的病害？

实验 14　植物病原菌物的分离技术

【实验目的】

通过本实验，使学生掌握植物病原菌物的常规分离和培养方法；掌握病原菌分离过程中无菌操作的要点。

【实验原理】

植物病原菌物的分离是通过人工培养从染病植物组织中分离所需要的植物病原菌物，再将分离到的病原菌置于适宜的条件下纯化培养，以便进一步验证其是否是植物病原菌物，鉴定它们的形态、生理、生态等特性，或作为接种材料研究它们对寄主植物的致病性。

植物病原菌物的分离方法（见表 14-1）主要有组织分离法和稀释分离法两种。最常用的植物病原菌物的分离方法是组织分离法，而稀释分离法主要用于病组织上产生大量孢子的病原菌物的分离。组织分离法就是切取小块病组织，经表面消毒和灭菌水洗过后，移到人工培养基上培养（图 14-1）。

表 14-1　常用的几种典型的病原菌分离方法

分离种类	分离方法
(1) 斑点病原菌的分离	从病斑部分切取每边 3～5 mm 的小块组织，在 70%酒精中浸数秒钟后，移入 0.1%的升汞水溶液中处理 2～3 min，以灭菌水冲洗 3 次，移置培养皿的培养基中，然后培养。
(2) 维管束组织内病原菌的分离	从根茎维管束组织分离病菌，可先将寄主病部表面用 70%酒精擦拭消毒，将表皮组织用灭菌的解剖刀削去，然后切取其中小块变色的维管束组织，用升汞或漂白粉液消毒后，用灭菌水冲洗几次，移置培养基上。
(3) 根腐病病原菌的分离	根腐或基腐病菌的分离，由材料的大小决定。材料小的可仿照斑点病的分离法，材料大的则可以用维管束组织内病原菌的分离法。
(4) 肉质组织中病原菌的分离	多肉的根、茎及果实等，可以采用维管束组织内病菌分离法除去表面组织，切取小块病组织分离。如有杂菌感染可采用“直接接种”法，待出现症状后，用此法再进行分离。
(5) 种子内病原菌分离	将整个种子或者种子的部分进行表面消毒（升汞或漂白粉），用灭菌水洗涤后，移置培养基上。
(6) 孢子分离法	能产生大量孢子的病菌如青霉菌、链格孢等，则可配成孢子悬浮液用稀释法。
(7) 土壤带菌分离法	为了研究一些菌物在土壤中存活和分布的情形，从有病的土壤中分离它们是必要的。分离方法是将土壤取出少许，配制成悬浮液，然后用稀释法。

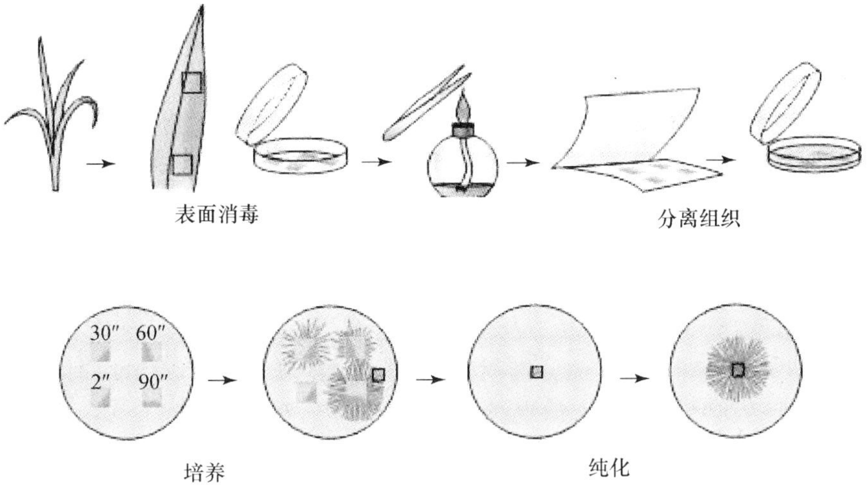

图 14-1　植物病原菌物组织分离方法示意

（仿自 Agrios，2005）

【实验材料】

番茄早疫病（*Alternaria solani*），水稻稻瘟病（*Magnaporthe grisea*），水稻纹枯病（*Rhizaoctonia solani*），马铃薯晚疫病（*Phytophthora infestans*），番茄灰霉病（*Botrytis cinerea*），玉米大斑病（*Exserohilum turcicum*），玉米小斑病（*Bipolaris maydis*），辣椒疫病（*Phytophthora capsici*），大豆灰斑病（*Cercosporidium sofinum*）。

【实验设备及用品】

超净工作台，微波炉，培养箱，吸管，吸水纸，酒精灯，解剖刀，医用剪刀，医用镊子，PDA 培养基，培养皿（ϕ 9 cm），火柴，记号笔，废液缸，医用青霉素和链霉素。

【试剂配制】

0.1%升汞溶液配制：升汞 1 g，浓 HCl 2.5 mL，蒸馏水 1000 mL。先将升汞溶于 HCl 中，待充分溶解后，再加水稀释。升汞是剧毒药物，在操作时应特别小心。

灭菌水，70%酒精（内放脱脂棉球），5%乳酸。

【实验步骤】

1. 分离前的准备工作

① 工作环境的清洁和消毒：分离工作应在清洁的环境下进行，最好在超净工作台上进行。超净工作台要经过喷雾除尘，并用药物或紫外线照射消毒（常用消毒药物为 70%酒精，2%煤酚皂液，5%石炭酸液等喷雾；若用紫外线灯照射则需 20～30 min）。工作前最好将所需的物品都放在超净工作台内；保证工作人员自身的洁净，工作前用肥皂洗手；无菌操作前还要用 70%酒精擦拭双手；工作中，特别在使用无菌操作间时，呼吸要轻，不要说话。

② 分离用具的消毒：凡是和分离材料接触的器皿（刀、剪、镊、针等）都要随时（至少在使用时）保持无菌，将这些用具浸于 70%酒精中，使用时在火焰上灭菌烧去酒精，如此 2～3 次（刀、剪、镊等不宜在火焰上烧时过长，以防退火）。再次使用时，必须重复灭菌。培养皿、试管等要经过干热灭菌。培养基及稀释用蒸馏水都需要事先经过高压蒸气灭菌。

③ 分离材料选择：分离材料选择恰当与否，直接影响分离结果的成败。分离材料应选新鲜、症状典型的单病斑病样。一般认为症状越典型、发病越轻和越新鲜的病害标本，分离得到病原菌物的几率越高。因此，采集的标本最好迅速分离，如距离较远，最好带上冰盒保存样品。

④ 固体培养基的制作：事先配制出 PDA 培养基，在微波炉或电炉上融化后放在超净工作台上降温至 45℃左右，在酒精灯火焰近处拔下棉塞，向瓶内加入抗生素（如青霉素或链霉素）50 $\mu g \cdot mL^{-1}$，一般只加入链霉素就可。如果系较难分离的病原菌物，可两种同时加入。将 15 mL 左右培养液倒入微开的培养皿内，轻轻摇动使之成平面，凝固后即成平板培养基。

2. 植物病原菌物的分离方法

(1) 组织分离法

① 取单病斑的新鲜病叶（或其他分离材料），用剪刀或解剖刀从病组织与健康组织交界处（稍带点病组织即可）剪取约 0.5 cm^2 病组织数块。

② 将病组织一起放入 70%酒精中浸 3～5 s 消毒并降低表面张力，用灭菌小镊子取出转放在 0.1%升汞液（也可使用其他表面消毒剂）中消毒 0.5、1、2、3 或 5 min。如植物组织柔嫩，则表面消毒时间短些；反之，则可长些。然后放入灭菌水中连续漂洗三次，除去残留的消毒剂。

③ 将小镊子用火焰灭菌后，在酒精灯火旁微开皿盖，暂屏住呼吸，用灭菌镊子小心、迅速取材料均匀摆放在培养基平板上，每皿可放 4～5 块。切忌大开皿盖或离开火焰近区。

④ 将培养皿倒置放入 25℃左右恒温箱内培养。一天后开始观察，如小块病组织周围长出新的菌丝体即进行纯化，用灭菌接种钩按无菌操作取边缘稍带培养基。如较难分离混有细菌的样品时，可将其多次转移至带抗生素培养基的培养皿中，最后移至斜面试管中，待长满试管斜面后进行鉴定。显微镜检后，初步断定是否是所分病原菌物，如果是就可以用试管进行保存备用了。将病原菌转入 PDA 斜面上培养，放 25℃恒温箱培养备用。

(2) 稀释分离法

稀释分离法适用于土壤菌及产生孢子多的菌物的分离，本实验以玉米黑粉病作为材料进行分离。

① 取 3 个灭菌好的培养皿，注明日期，材料及分离者姓名。

② 用移液枪吸取灭菌水，在每一皿里分别注入 0.5～1.0 mL。

③ 用移植环取 1 滴孢子悬浮液，与第一个培养皿中的灭菌水均匀混合，再从第一个培养皿移三环到第二个培养皿中，混合后再移三环到第三个培养皿中。

④ 将融化并冷却到 45～50℃的培养基，分别倒在 3 个培养皿中（为防止细菌污染，也可以每个培养皿加入 1～2 滴 25%乳酸），摇匀，凝固，使培养基与稀释的菌液充分混匀。

⑤ 将培养皿倒置放入 25℃左右恒温箱内培养。数日后观察待分离菌生长结果。

作业及思考题

(1) 按小组分别完成不同的菌物病害分离工作。每人交一管纯化后的菌种。如果不成功，要分析分离失败原因。

(2) 病原菌物的分离有哪些用途？怎样才能分离成功？

(3) 在分离病原菌物时，向平板培养基中加入乳酸为什么会大大减少细菌的污染？

(4) 如果要从土壤中分离某种病原菌，应当采取什么样的分离方法会更有效？

(5) 菌物的分离还有哪些方法？

实验 15　植物病原细菌的分离和纯化

【实验目的】

了解植物病原细菌分离的基本原理，掌握植物病原细菌分离和纯化的主要方法。

【实验原理】

在植物的发病部位，病原细菌通常是与其他微生物混杂在一起的，开展植物病理学的研究，如病原细菌的分类、鉴定、致病性测定和药剂筛选等，均首先要将病原细菌与其他微生物分离，以获得细菌的纯培养。但是，对于新的植物病原细菌，还必须根据柯赫法则验证后才能确定。

【实验材料】

细菌病害新鲜标本。

【实验设备及用品】

超净工作台或生物安全柜，恒温培养箱，接种室；70%乙醇浸泡的棉球，无菌蒸馏水，灭菌培养皿，灭菌玻棒，灭菌试管，灭菌培养基(NA 或 KB)，记号笔，铅笔，标签，胶水，镊子，剪刀，解剖刀，接种环，酒精灯，打火机或火柴，1 mL 移液器，灭菌吸头。

【试剂配制】

① 70%乙醇，95%乙醇。

② 0.1%升汞：升汞 1 g，浓盐酸 2.5 mL，无菌蒸馏水 1000 mL。在通风橱内，将升汞溶于盛有盐酸的器皿中，再将溶解的升汞液倒入蒸馏水中，定容至 1000 mL，储于密闭的瓶内备用。通常在升汞液中加入少量酸性品红或其他颜色，以区别于其他试剂，贴上标签，标明配制人和时间。

③ 漂白粉：一般用 10%溶液。漂白粉 10 g，无菌蒸馏水 100 mL。将漂白粉溶于水中，过滤后使用。此消毒液须随配随用，不能保存，否则失去杀菌效果。

【实验步骤】

1. 分离前的准备工作

(1) 分离环境消毒

分离工作必须在很洁净的环境中进行。如超净工作台的数量不能满足要求，可将地面打扫干净后直接进行。如在大实验室进行，一般安排在上午，实验室当天未使用过，较为干净。分离环境可采用化学方法和物理方法消毒。

① 化学方法：根据房间大小，用甲醛和高锰酸钾熏蒸(每 10 m^2 面积用甲醛 10 mL，高锰酸钾5 g)。这种方法必须在使用前至少 24 h 进行，且熏蒸后要密闭 12 h 以上。使用前通风，以减少对人体的刺激。操作前，将所需的物品全部放在实验台上，以免学生来回走动影响分离的效果，并在台面上铺一块湿纱布(可用微波炉加热消毒)，防止桌面灰尘污染。

② 物理方法：有紫外灯时，可以打开紫外灯进行环境消毒，一般在使用前 1 h 进行，照射 20～30 min。

(2) 配制组织表面消毒剂

分离材料的表面都有杂菌，在分离病原细菌时，必须用适当的消毒剂清除或减少病组织表面的腐生生物。常用的表面消毒剂有升汞、漂白粉和乙醇，配制方法见【试剂配制】。

2．分离方法和步骤

分离工作开始前，除前面的准备工作外，还需注意自身的卫生，先将身上的灰尘弹净，有条件的可以穿上工作服、戴好口罩，并用肥皂洗手或用70%的酒精棉球对手进行消毒。

（1）稀释分离法

① 取样：将病组织先用自来水冲洗表面的灰尘，剪取待分离材料的病、健交界处组织3～5小块，边长约为3～5 mm。

② 表面消毒：将材料放在灭菌的培养皿中，倒入70%乙醇浸泡3～5 s后，倾倒乙醇至废液缸中，倒入0.1%升汞溶液中处理1～3 min(也可根据材料的老嫩程度选择消毒时间)，倒掉升汞液至专门储存升汞废液的器具中，加入无菌水清洗3～5次，第一次的清洗液倒入升汞废液缸中。

③ 准备稀释液：取4套灭菌的培养皿分别编号(在皿盖上注明1、2、3、4号字样)后放在操作台面的湿纱布上，用移液器取无菌水1 mL加入到每一个培养皿中。把消毒的组织移入第一个培养皿中，用灭菌的玻棒研碎或用剪刀剪碎，制成细菌悬浮液。用灭菌的接种环从第一皿取一环细菌悬浮液至第二皿中，按此法直至稀释至第四皿。

④ 倒培养基：在编号为2、3、4的培养皿内倒入已融化并冷却到45℃的牛肉膏蛋白胨培养基，在桌面上轻微晃动培养皿，使细菌悬浮液与培养基混合均匀。

⑤ 培养：待培养基凝固后，将培养皿翻转置于28℃恒温培养箱中培养，逐日观察病菌生长情况。

（2）平板划线分离法

① 准备细菌悬浮液：同上述稀释分离法。

② 制作平板培养基：将牛肉膏蛋白胨培养基倒入灭菌的培养皿中，待其完全凝固后使用，在培养皿上注明材料名称、分离人姓名和分离日期。

③ 划线：用灭菌的接种环蘸取悬浮液在平板培养基上的边缘来回划线5～6次，将接种环在火焰上灭菌，旋转平板60°角左右，从第1次划线的末端再划线5～6次，如此重复4～5次。注意每次划线后在火焰上灭菌接种环，否则难以出现单一的细菌菌落。

④ 培养：翻转培养皿放在28℃的恒温培养箱中培养，逐日观察细菌生长情况。

3．植物病原细菌的纯化

挑取上述分离获得的单一细菌菌落，在平板培养基上按上述方法划线纯化，或将单菌落细菌配成细菌悬浮液后划线纯化，按同样的方法重复三次。如菌落的形态特征都一致，则表明获得了植物病原细菌的纯培养，保存备用。

作业及思考题

（1）记录植物病原细菌分离的步骤。

（2）提交纯化的细菌菌株。

（3）描述分离纯化获得的细菌形态特征，包括形状和大小、颜色和光泽、表面是否隆起或凹陷、边缘的形状、透明度和黏度、培养基颜色的变化等。

（4）什么是无菌操作？植物病原细菌分离过程中包含哪些无菌操作技术？

（5）在植物病原细菌培养过程中，为何要将培养皿翻转放置？

（6）在病原细菌纯化过程中，如何才能获得单一菌落？

实验 16　植物病原细菌鞭毛染色

【实验目的】

掌握细菌鞭毛染色的方法。

【实验原理】

植物病原细菌通过鞭毛染色，可以观察到鞭毛的形态、数量和鞭毛在菌体上分布的位置。鞭毛数量和在菌体上的分布位置是鉴定细菌的重要依据之一。根据鞭毛的这些特征，可将细菌分为单端极鞭毛菌、单端丛鞭毛菌、周鞭毛菌和侧鞭毛菌。

细菌的鞭毛很细，直径为 20～30 nm，不能在光学显微镜下直接观察。鞭毛染色的主要原理是采用不稳定的胶体溶液做媒染剂，使其在鞭毛上沉积加粗鞭毛的直径，然后再进行染色。由于染色剂也可以在载玻片上沉积，所以要用非常清洁的载玻片。染色剂处理的时间很重要：处理时间太短，鞭毛上没有足够的沉积物就看不清楚；处理时间太长，载玻片上的沉积物太多则影响检查。

【实验材料】

培养 12～24 h 的茄拉尔氏菌或青枯病菌（*Ralstonia solanacearum*），水稻白叶枯病菌（*Xanthomonas oryzae* pv. *oryzae*）或柑橘溃疡病菌（*Xanthomonas axonopodis* pv. *citri*），根癌农杆菌（*Agrobacterium tumefaciens*），白菜细菌性软腐病菌（*Erwinia carotovora* pv. *carotovora*）和枯草芽孢杆菌（*Bacillus subtilis*）菌种。

【实验设备及用品】

显微镜，酒精灯，载玻片，擦镜纸，吸水纸，记号笔，玻片架，镊子，接种环，无菌水，1 mL 移液器和吸头。

【试剂配制】

硝酸银染色液，Leifson 染色液，香柏油，乙醚，乙醇，福尔马林。

【实验步骤】

1. 载玻片的准备

供鞭毛染色的载玻片，必须要干净无油脂，无伤痕，最好使用质量好的新玻片。新玻片可放在浓铬酸洗液中浸泡 24 h，自来水冲洗干净后再放入洗衣粉水中清洗，最后用蒸馏水洗净，沥干水后放入 95%乙醇中备用。玻片是否清洁干净，以在玻片上滴加蒸馏水水滴后是否均匀分散作为检测标准，如水膜快速均匀散开，则表示玻片干净可用。

2. 配制细菌悬浮液

在配制细菌悬浮液时要注意菌龄，最好是用在斜面上培养 12～24 h 的菌种，但生长较慢的细菌，如黄单胞杆菌属，可用培养 36～48 h 的菌种。染色前，菌种每隔 1～2 d 移植一次，必要时可连续进行几次，以增强细菌的活性。配制的时候，在培养斜面上加灭菌蒸馏水 5 mL 左右，使水刚淹没斜面，静置 15～20 min，细菌就散开形成悬浮液（不宜摇动试管），将细菌悬浮液倒入装有 1 mL 浓度为 1%的福尔马林的干净试管中，静置备染色用。

3. 涂片

取浸泡在酒精中的载玻片，在火焰上烧去酒精；平放，用移液器吸取细菌悬浮液滴在载玻片的一端（约1/3长度处）；然后让玻片直立，使菌液流下至另一端，用吸水纸吸去多余的菌液；最后，将玻片平放，使菌液自然干燥。

4. 染色

鞭毛染色的方法有多种，目前常用而较易成功的三种方法为赖夫生（Leifson）染色法、西萨-基尔（Cesares-Gill）染色法和银盐染色法。

（1）赖夫生染色法

试　剂	配　制
单宁酸10 g，氯化钠5 g，酸性品红4 g	取左列混合物溶解在33 mL的酒精（95%）中，加蒸馏水定容至100 mL，酸度调节到pH 5.0

染色步骤：

① 在涂片上滴加染色液数滴，覆盖整个涂片。

② 仔细观察染色剂中沉淀物的产生，当产生沉淀时，立即用水将载玻片上的染色剂洗去，否则载玻片上沉积物的量会增多。

③ 载玻片在室温下自然干燥。

④ 油镜镜检，菌体和鞭毛均染成红色。

（2）西萨-基尔染色法

对于产生胶质较多的植物病原细菌以及鞭毛容易脱落的细菌，常用这种方法染色。

	试　剂	配　制
媒染剂	单宁酸10 g，氯化铝，18 g，氯化锌16 g，酸性品红1 g，酒精（60%）40 mL	研钵中盛酒精10 mL，加入以上各种成分，研细后加入多余的酒精。使用时用水稀释2倍，用滤纸过滤后备用
染液	苯酚品红	
试剂Ⅰ 试剂Ⅱ	酸性品红0.3 g，酒精（95%）10 mL 苯酚（结晶）5 g，蒸馏水95 mL	试剂Ⅰ和试剂Ⅱ分别配好，之后混合

染色步骤：

① 将染媒剂滴在涂片上，处理时间约为5～7 min。

② 用水轻轻洗去媒染剂，用吸水纸吸去玻片上剩余的水滴，自然干燥。

③ 在涂片上加苯酚品红染色剂处理5 min，水洗后自然干燥。

④ 镜检，菌体和鞭毛均呈红色。

（3）银盐染色法

	试　剂	配　制
试剂Ⅰ	单宁酸5 g，氯化铁1.5 g，蒸馏水100 mL	混合溶解后，加15%福尔马林2 mL和1% NaOH 1 mL
试剂Ⅱ	硝酸银2 g，蒸馏水100 mL	

染色步骤：

① 在涂片上滴加试剂Ⅰ处理 2～4 min，用蒸馏水轻轻将试剂洗去，自然干燥。

② 加试剂Ⅱ染 30～60 s，立即用蒸馏水洗去试剂，在空气中自然干燥。

③ 镜检，菌体鞭毛呈褐色。

作业及思考题

（1）每人提交独立完成的鞭毛染色玻片一块，并撰写实验报告。

（2）植物病原细菌鞭毛染色的原理是什么？

（3）如何才能使鞭毛染色达到理想的效果？

实验 17　植物病原细菌革兰氏染色

【实验目的】

掌握植物病原细菌革兰氏染色技术，为植物细菌病害的正确诊断和病原细菌的分类鉴定打下基础。

【实验原理】

革兰氏染色法是鉴定细菌的最重要的染色方法，1884 年由丹麦医师 Gram 创立。未经染色的细菌，由于其与周围环境折光率差别甚小，故在显微镜下极难观察。染色后细菌与环境形成鲜明对比，可以清楚地观察到细菌的形态、排列及某些结构特征，而用以分类鉴定。革兰氏阳性菌(G^+)和革兰氏阴性菌(G^-)在化学组成和生理性质上有很多差别，染色反应不一样。G^+ 菌：细胞壁厚，肽聚糖呈网状，厚且致密，当乙醇脱色时，肽聚糖脱水而使网孔缩小，故保留结晶紫-碘复合物在细胞膜上，呈紫色。G^- 菌：肽聚糖层薄，交联松散，乙醇脱色不能使其结构收缩，其脂含量高，乙醇将脂溶解，缝隙加大，结晶紫-碘复合物溶出细胞壁，再经番红复染后呈红色。

也有人认为阳性菌菌体等电点较阴性菌低，在相同 pH 条件下进行染色，阳性菌吸附碱性染料很多，因此不易脱去，阴性菌则相反。所以染色时的条件要严格控制。例如，在强碱的条件下进行染色，两类菌吸附碱性染料都多，都可呈阳性反应；pH 很低时，则可都呈阴性反应。此外，两类菌的细胞壁等对结晶紫-碘复合物的通透性也不一致：阳性菌透性小，故不易被脱色；阴性菌透性大，易脱色。

【实验材料】

培养 12～24 h 的稻白叶枯病菌(*Xanthomonas oryzae* pv. *oryzae*，简称 XOO)，茄青枯病菌(*Ralstonia solanacearum*，简称 RS)，白菜软腐病菌(*Erwinia carotovora* pv. *carotovora*，简称 ECC)，马铃薯环腐病菌(*Clavibacter michiganensis* pv. *sepedonicum*，简称 CMS)，枯草芽孢杆菌(*Bacillus subtilis*，简称 BS)。

【实验设备及用品】

显微镜，酒精灯，载玻片，盖玻片，纱布，擦镜纸，吸水纸，记号笔，玻片架，镊子，接种环，无菌水，洗瓶。

【试剂配制】

① 结晶紫草酸铵染剂。

溶液Ⅰ：结晶紫 2 g，酒精(95%)20 mL；

溶液Ⅱ：草酸铵 0.8 g，蒸馏水 80 mL。

混合溶液Ⅰ和Ⅱ，过滤，储存于棕色试剂瓶中，24 h 后使用。

② 鲁戈尔碘液：碘 1 g，碘化钾 2 g，蒸馏水 300 mL。将碘和碘化钾在研钵中研磨，慢慢加水并继续研磨直至碘和碘化钾溶解，然后加水稀释到 300 mL，盛入棕色试剂瓶，存放在暗处待用。

③ 藏红复染剂：原液配方藏红(番红 O)2.5 g 溶在 95%酒精 100 mL 中。复染剂原液 10 mL 加蒸馏水 90 mL。染色剂要新鲜，存放期不超过 1 年。

④ 3% KOH 溶液：KOH 3 g，蒸馏水 100 mL。

⑤ 95%酒精。

【实验步骤】

(1) 涂片

① 取洁净的载玻片(必须清洁无油脂)，加一滴无菌水；用接种环按无菌操作要求取一环菌苔，在水滴中制成菌悬液；

② 另取一洁净载玻片，在中央加滴无菌水，取一环上述配制的菌悬液至水滴中，均匀涂布成薄层后，自然晾干；

③ 将涂片在灯焰上缓慢通过 2～3 次进行固定。

(2) 染色

① 滴结晶紫草酸铵染剂于涂片上，染色 1 min；

② 倾去染液，洗瓶冲洗(亦可不用水洗)；

③ 加鲁戈尔碘液处理 1 min；

④ 倾去碘液，洗瓶冲洗，吸水纸吸干；

⑤ 用 95%酒精洗脱染液，时间约 30 s；

⑥ 吸水纸吸干后，滴加藏红复染剂复染 10～30 s；

⑦ 清水冲洗，吸干后镜检。

革兰氏阳性反应的植物病原细菌染成紫色，而阴性反应的染成红色。注意涂片菌液不能太浓，其次褪色要彻底，否则不易区分菌体的颜色。

此外还有一个简便的实验方法，其结果与革兰氏染色反应的结果基本一致。即用 3% KOH 溶液一滴，滴在载玻片上，用移菌环移取一环待测细菌菌苔放在玻片上的 KOH 溶液中，用牙签或细玻棒搅动片刻，再将菌液向上提起，观察提起的时候有无黏丝。革兰氏染色阴性的菌都有清楚的黏丝相连，阳性菌都无黏丝出现。详细记载细菌的染色结果和 3% KOH 反应的结果。

【注意事项】

在实验中经常会出现假阳性和假阴性的结果，假阳性主要是由于脱色不完全，可能是由于涂片过厚，或者是结晶紫染色过度，导致脱色不完全；而脱色时间太长，阳性菌可能呈阴性。

要严格控制细菌的菌龄。培养时间过短的细菌，如小于 10 h，因生长迅速，阳性菌可能呈阴性；而衰老的阳性细菌，因等电点增高可能呈阴性。

作业及思考题

(1) 记载染色的结果，并绘简图。

菌　株	BS	CMS	ECC	RS	XOO
革兰氏染色					
3% KOH 反应					

(2) 革兰氏染色的原理是什么？

(3) 革兰氏染色过程中，应注意哪些事项？

实验 18 植物病原细菌的生理生化测定

【实验目的】

掌握常用细菌生理生化测定的方法。

【实验原理】

细菌在生长繁殖时受到多种因素影响，如温度、湿度及营养条件等，条件适宜，其生长速度快。细菌新陈代谢过程主要是酶促反应过程，而不同细菌细胞内酶的活力是不同的，主要表现在对碳、含氮化合物以及其他物质的分解利用能力不同和由此产生的代谢产物的差异。通过生理生化实验可以测定出这些差异，从而鉴定细菌种类。目前亦可用细菌自动化鉴定系统来鉴定细菌，主要有 Vitek-AMS(automated microbic system)、Biolog、MicroScan、Enterotube、MIDI、Sensititte、Autosceptor 和 Crystal 等鉴定系统。Biolog 是当前普遍应用的细菌鉴定系统，主要根据细菌对 95 种碳源包括对糖、醇、酸、酚、胺和大分子聚合物等的利用情况鉴定细菌，选用四唑紫(tetrazolium violet，TV)作为细菌能否利用供试碳源的指示剂。

【实验材料】

培养 12～24 h 的白菜软腐病菌(*Erwinia carotovora* pv. *carotovora*，简称 ECC)，稻白叶枯病菌(*Xanthomonas oryzae* pv. *oryzae*，简称 XOO)，茄拉尔氏菌或青枯病菌(*Ralstonia solanacearum*，简称 RS)，枯草芽孢杆菌(*Bacillus subtilis*，简称 BS)，大肠杆菌(*Escherichia coli*，简称 EC)。

【实验设备及用品】

培养箱，超净工作台，酒精灯，试管架，移液器及灭菌吸头，接种针，接种环，试管(18 mm×180 mm)，玻璃棒，杜氏发酵管。

【试剂配制】

① 生长温度实验用培养基：实验采用肉汁胨(NA)培养液，成分包括：牛肉膏 3 g，酵母提取物 1 g，蛋白胨 5 g，葡萄糖 10 g，蒸馏水 1000 mL。

先将肉汁胨培养液的酸度调节到 pH 7.2～7.4，静置除去沉淀再分装试管，每管约 5 mL，灭菌(121℃，30 min)备用。

② 耐盐性实验用培养基：同生长温度测定。其中加入氯化钠的用量为 1%～10%(可以根据情况增减)，最好是将浓的氯化钠溶液分别灭菌，然后加到培养液中达到要求的浓度。黄单胞菌属细菌的耐盐性，可用以下培养基测定：蛋白胨 5 g，蔗糖 5 g，磷酸氢二钾 0.5 g，硫酸镁 0.25 g，氯化钠 20 g、30 g、40 g、50 g，蒸馏水 1000 mL。酸度调节到 pH 7.4，灭菌后备用。

③ 好氧性与厌氧性实验用培养基：蛋白胨 2 g，磷酸氢二钾 0.2 g，氯化钠 5 g，琼脂 3 g，蒸馏水 1000 mL，溴百里酚蓝(1%水溶液)3 mL。

酸度调节到 pH 7.1。试管盛培养基的深度达 4～5 cm，灭菌后加过滤灭菌的 10%葡萄糖溶液，使培养基中葡萄糖的含量为 1%。

④ 碳素化合物的利用与测定实验用培养基：采用含蛋白胨的培养基，其中加入 1%待测定

的碳素化合物。

基本培养基的组成：磷酸二氢铵 1 g，硫酸镁 0.2 g，氯化钾 0.2 g，酵母提取物 1 g，溴百里香兰（酒精溶液）1 mL，蒸馏水 1000 mL。

调节 pH 至 7.0，将每支试管装 9 mL 培养液（小试管只装 4.5 mL）和一支杜氏管（见图18-1），湿热灭菌（121℃，20 min）。10%糖溶液过滤灭菌后按无菌操作技术加入上述培养液中，使糖或醇的最终浓度达 1%。

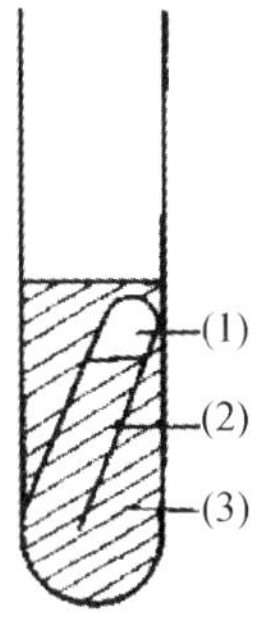

图 18-1　杜氏发酵管

（1）细菌发酵产生的气体；
（2）杜氏小玻管；
（3）细菌培养液
（仿方中达）

【实验步骤】

1. 生长温度

（1）培养基的制备

（2）接种

在超净工作台中将培养 24 h 左右的细菌斜面，加适量的灭菌水配成细菌悬浮液，用移液器吸取 0.1 mL 放入分装试管中，接菌。

（3）培养

将接种后的细菌分别放入 0℃、12℃、20℃、30℃、37℃ 和 42℃ 的恒温箱中培养，测定生长的最低、最适和最高温度。比较精确的测定，要在恒温水浴锅中培养。

（4）记录

培养后每天观察记录每个试管中细菌的混浊度。

可根据测定的结果，将温度范围作必要的改变后再测定第二次和第三次，以得出最适生长温度。

生长与温度的关系也可在斜面上测定，如有些在培养液中生长较差的棒杆菌属细菌，可在肉汁胨葡萄糖琼脂斜面上测定。

2. 耐干能力

（1）培养基的制备

同生长温度测定。

（2）接种

将培养 24 h 左右的细菌斜面，加适量的灭菌水配成细菌悬浮液，每分装试管中接菌 0.1 mL。

（3）干燥

取灭菌的直径约 4 mm，长约 5 cm 玻璃棒 12～16 个放入无菌培养皿中，将培养有细菌的肉汁胨培养液加入培养皿；然后用灭菌的镊子，在无菌条件下，将玻璃棒移在另一灭菌的培养皿中，一端架在培养皿中的玻璃棒上，任其干燥，干燥期间保持 25℃。

（4）培养

每隔 24 h，用灭菌的镊子取出一段放在培养液中，观察能否生长。另一种方法是用灭菌的盖玻片代替玻璃棒，盖玻片上涂一滴菌液，放在灭菌的培养皿中，任其干燥，按时用上法测定细菌耐干性。

3. 耐盐性

（1）培养基的制备

（2）接种及记录

接种 0.1 mL 新鲜培养的细菌悬浮液，定期测定混浊度，到 14 d 为止。

4. 好氧性和厌氧性

细菌生长与氧气的关系，一般用 Hugh 和 Leifson（简称 HL）的方法测定。

（1）培养基的制备

使用软琼脂培养基，从底部缺氧状况逐渐过渡到顶部有氧状况，均可观察细菌生长与供氧的关系。

（2）接菌

用培养 24 h 左右的细菌配制成浓度约为 10^8 cfu·mL^{-1} 的细菌悬浮液，针刺接种（一直刺到管底）或者将培养基冷却到 39～40 ℃左右，滴入 2 滴细菌悬浮液，充分混合后令其冷却凝固。取两管接菌试管，上面加一层灭菌的石蜡油与凡士林等量混合物，深度约 1 cm，用来隔绝空气（闭管），另外两管接菌试管则不加石蜡油和凡士林混合物（开管）。同时，分别用两管不接菌（不加石蜡油、凡士林混合物）和两管不接菌（加石蜡油、凡士林的等量混合物）作为对照，在 30℃培养。经过 1 d、2 d、4 d、7 d、14 d 后，观察并记载结果。

此方法亦可以用来区别细菌在含糖培养基上产生酸是由于氧化作用还是发酵作用。氧化产酸（如葡萄糖氧化为葡萄酸）必须有分子氧的存在，因此氧化产酸只在开管的上部产酸，指示剂的颜色改变；发酵产酸则在开管和闭管中都可以产生酸。闭管的作用是减小氧化作用，使发酵作用更加清楚。如果还产生气体，则在琼胶柱内可以看到气泡。

以上测定可以区别细菌的好氧性、兼性厌氧性和厌氧性。好氧性的细菌在开管的上部生长（加指示剂则便于以颜色的变化来判断）；兼性厌氧性细菌，则在开管的上下部都能生长；厌氧性细菌，则只能在开管的下部和闭管中生长。

5. 细菌的发酵试验

A. 碳素化合物的利用与测定

糖是绝大多数细菌的重要碳源和能源，但是不同种的细菌对不同糖的分解性能和产物并不一致。产酸是指细菌发酵糖类产生有机酸，使培养基 pH 降低；产气是指产酸的同时还有大量的气体产生，包括 CO_2 和 H_2 等。同一种糖，有的细菌能够分解产酸并产气；有的能够分解，但不能产酸，有的则根本不能分解。因此，细菌的糖发酵特性已广泛用于细菌的分类鉴定。

（1）培养基制备

（2）步骤

① 用装有糖发酵基础液的杜氏发酵管 12 支（图 18-1），分为 4 组，每组 3 管，贴上标签。然后用 4 支无菌吸管分别吸取灭过菌的葡萄糖、蔗糖、乳糖及甘露醇溶液 1 mL，分别注入 4 组发酵管中。

常用作碳水化合物利用实验的有：葡萄糖、果糖、乳糖、麦芽糖、蔗糖、木糖、棉子糖、纤维二糖、菊糖、阿拉伯糖、半乳糖、鼠李糖；丙三醇、甘露醇、赤藓醇、山梨醇、阿糖醇；水杨苷、七叶苷（灵）、松柏苷；淀粉、柠檬酸、丙二酸等。

② 用培养 24 h 左右的大肠杆菌和枯草杆菌分别配制成浓度约为 10^8 cfu·mL^{-1} 的细菌悬浮液，每试管接种 0.1 mL。在每一组中，一管接入大肠杆菌，一管接入枯草杆菌，另一管不接种作

对照,分别在标签上注明。保温培养 24 h、48 h、72 h 后检查。必要时可延长培养至 7 d。

③ 结果:培养后检查结果,如产酸,溶液变黄;产碱,溶液变蓝;产气是指小玻璃管内有气体积累。记录在表 18-1 内。

表 18-1　实验记录

糖　类		葡萄糖			蔗糖			乳糖			甘露醇		
培养时间/h		24	48	72	24	48	72	24	48	72	24	48	72
枯草杆菌	产酸												
	产气												
大肠杆菌	产酸												
	产气												
对照	产酸												
	产气												

注意:检查时与对照比较记录符号:"+"表示产生,产酸是指发酵液由紫色变为黄色,产气是指小玻璃管内有气体积累,"−"表示不产生。

B. 淀粉水解的测定

有的细菌具有淀粉酶,可以分解淀粉,例如淀粉经棉花角斑病菌水解后,遇碘不再变蓝色;而水稻白叶枯病菌,淀粉酶活性很弱,不能分解淀粉。

在牛肉汁蛋白胨琼胶中,加 0.2%可溶性淀粉制成培养基,灭菌后倒成平板,用移菌环移取 RS、BS、ECC、EC 和 XOO 菌种各一环,在平板上划线。26～28℃温箱中培养 2～5 d 后,在平板上加一层碘液,如菌落周围不变蓝色,说明该病菌能分解淀粉;平板上加碘液后,全变蓝色或紫色,表示细菌不能分解淀粉。

C. 明胶液化

明胶是一种大分子含氮化合物,具有在温水中(24℃)溶解,低温时(24℃以下)凝固成胶体的性质。有些细菌能分泌蛋白酶(胞外酶)分解这种蛋白,致使失去凝胶性质而没有凝固性。明胶的分解是一种酶促反应,与这一变化有关的酶称为明胶分解酶。

测定明胶液化可在肉汁胨培养液中加 1.2%的明胶,pH 7.0～7.2,分装试管(每管 8 mL),经 121℃,10 min 灭菌后备用。

用接种针蘸取菌种,穿刺接种在明胶培养基中心。适温下培养 3 d 或 7 d 后将试管取出,放在 20℃以下的冷水中 30 min 或冰箱中 10 min,观察细菌的生长情况和明胶液化情况。

D. 硫化氢的产生

某些细菌能分解含硫的有机物或无机物,而产生硫化氢(H_2S),H_2S 遇重金属盐类(如铅盐等)形成黑色的硫化铅沉淀物,从而可判断 H_2S 的产生与否。

测定用的试纸(醋酸铅试纸)制作法:将白色滤纸剪成 0.6 cm×10 cm 的纸条,在 5%醋酸铅溶液中浸过后,放在大试管中,加棉花塞,在 121℃灭菌,20 min 后备用。

在肉汁胨培养液中加 0.01%的胱氨酸(或半胱氨酸)。培养液接菌 0.1 mL 后,把试纸悬在棉花塞与试管壁之间,使其悬挂于试管口,但不接触液面,保温培养 3 d 或 7 d,观察试纸条是否变黑色。

作业及思考题

（1）记载植物病原细菌生理生化性状的测定结果。

菌种代号	生长适温	耐干性	耐盐性	淀粉水解	明胶液化	H_2S

（2）专性厌氧菌为何在有氧的条件下不能生长？

（3）根据对氧的需求可把细菌分为哪几类？

（4）细菌的正常生长繁殖需要哪些条件？

实验 19　植物病毒的生物测定

【实验目的】

熟悉掌握利用鉴别寄主症状反应进行毒源种类的鉴定方法。

【实验原理】

不同的病毒对一定植物的侵染反应存在差异，利用不同病毒或株系对一些植物的特定反应来区别或鉴定病毒的方法称为鉴别寄主诊断。凡是病毒侵染后产生快而稳定、并具有特征性症状的植物都可以作为鉴别寄主(indicator 或 differential host)。鉴别寄主谱中一般包括可系统侵染的寄主、局部侵染的寄主和不侵染的寄主。如区分黄瓜花叶病毒属中的黄瓜花叶病毒、花生矮化病毒和番茄不孕病毒时，常采用花生、菊花和黄瓜三种植物作为鉴别寄主。

【实验材料】

① 毒源：白菜病毒病株。

② 鉴别寄主：普通烟(三生)，心叶烟，普通曼陀罗，千日红，黄瓜。

【实验设备及用品】

研钵，纱布，金刚砂，洗瓶，棉花球，塑料标签。

【试剂制备】

① 0.1 $mol \cdot L^{-1}$ pH 7.0 磷酸缓冲液：KH_2PO_4 5.445 g，$Na_2HPO_4 \cdot 12H_2O$ 21.49 g，蒸馏水 1000 L。两试剂分别溶解后，加足水混匀，装入试剂瓶中供研磨受病植物组织及稀释用。

② 磷酸肥皂：洗衣皂 20 份，Na_3PO_4 5 份，水 100 份。混匀，加热溶解后，阴干供操作前手及器皿类消毒用。

【实验步骤】

白菜病毒病主要由芜菁花叶病毒、番茄环花叶病毒、烟草环斑病毒或黄瓜花叶病毒引起，可以根据它们在鉴别寄主上的症状反应进行诊断。

① 操作前，操作人员的手和器皿都应用磷酸皂消毒过并经清水洗净。

② 取白菜病毒病病株的典型症状病叶，置研钵中，加近似等量的磷酸缓冲液，磨碎，用双层纱布滤出汁液，作为接种用的病毒汁液。

③ 取各种鉴别寄主幼苗各 4 株，插上塑料标签，在每株上部已展开的两片叶正面，轻轻撒一层金刚砂，左手指托叶背，右手用棉花球(或小画笔)蘸毒源汁液，在撒有金刚砂的叶面上轻轻涂擦，随即用洗瓶冲洗，即接种完毕。

④ 另取鉴别寄主幼苗各 2 株，方法如前，但不接种毒源汁液，蘸磷酸缓冲液在撒有金刚砂的叶面上涂擦，作为对照。

⑤ 将接种及对照的鉴别寄主幼苗放入无虫干扰的温室或防虫网室中，经 2～3 周后观察记载发病情况及在各种鉴别寄主上的症状。根据下表判断所取标样属何种病毒。

表 19-1　白菜上四种常见病毒在几种鉴别寄主上的反应

病毒名称	鉴别寄主及其症状反应				
	普通烟(三生)	心叶烟	普通曼陀罗	千日红	黄瓜
芜菁花叶病毒	局部症状枯斑	系统症状枯斑	无症状		无症状
番茄环花叶病毒	系统症状枯斑	局部症状枯斑	局部症状枯斑	系统症状花叶	无症状
烟草环斑病毒	系统症状环斑	局部症状枯斑	局部症状枯斑	局部症状枯斑	无症状
黄瓜花叶病毒	局部症状系统症状	系统症状花叶	系统症状花叶	系统症状花叶	系统症状花叶

作业及思考题

(1) 写出白菜病毒病生物鉴定结果的实验报告,并对实验结果进行分析讨论。

(2) 生物测定方法的不足之处有哪些?

(3) 影响接种成功的因素有哪些?

实验 20　植物病毒粒体的电镜观察

【实验目的】

学习掌握电镜样品的制备方法以及利用电镜观察病毒粒体的形态特征。

【实验原理】

植物病毒粒体个体微小，只有通过电镜才能观察到。电子显微镜是以电子束为光源的显微镜，分透射和扫描两大类，采用透射电镜可以观察到病毒粒体的形态(图 20-1)。

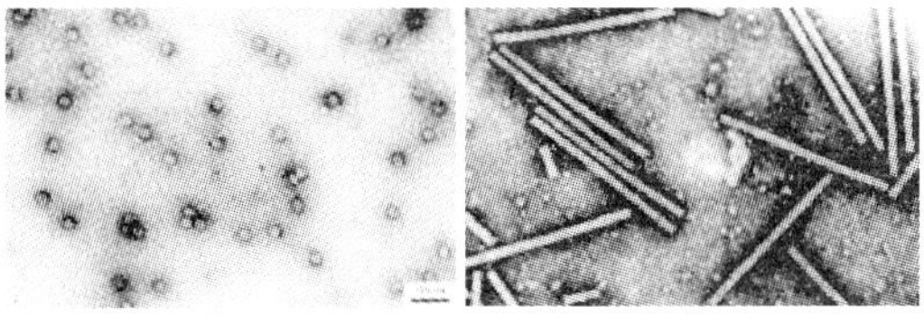

(1)　　(2)

图 20-1　病毒粒体的电镜照片

(1) CMV；(2) TMV

光学显微镜的标本可以放在载玻片上观察，然而电子束不能穿透玻璃，所以玻璃不能用作电镜标本的支架，而是采用极薄的电子透明的薄膜，先制备薄膜附在金属网(一般铜网)上，再把标本黏附在这种膜上。

在电子光源下，生物样品的反差很小，难以观察清楚，必须用电子染色来加强反差。根据染色效果和成像的不同，可分为正染和负染：正染是强化标本的结构，即染色剂和样品结合，增强其散射电子的能力，最终在荧光屏上形成正像；负染是将标本包埋在染色物质里，借助染色剂增强背景对电子散射的作用，而标本在荧光屏上形成暗背景下的亮像。病毒粒体的观察通常采用负染，最常用的染色剂为醋酸铀或磷钨酸，其中所含的重金属离子电子密度较大。

【实验材料】

感染 TMV 的烟草病叶，感染 PVY 的烟草病叶，感染 CMV 的番茄叶片等；提纯的 PVY 或 TMV 病毒。

【实验设备及用品】

透射电子显微镜，铜网(附着有 Formvar 膜)，镊子，昆虫针，凹玻片，蜡盘，滴管，滤纸条和培养皿等。

【试剂制备】

2%醋酸铀水溶液(3%磷钨酸溶液)。

【实验步骤】

(1) 浸渍法

① 在凹玻片上滴上两滴 2%醋酸铀溶液(或 3%磷钨酸溶液)。剪一小块 TMV 病叶(或 CMV 病叶)置于染液中，用昆虫针轻刺病叶至液滴呈微绿色，除去病叶。

② 用镊子夹取铜网使有支持膜的表面与样品液表面接触，静置 10 min 取出，用滤纸条吸除多余的液滴，把吸附有样品的铜网置于小培养皿滤纸上晾干。

(2) 负染法

① 取 PVY 或 TMV 提纯制剂，滴一小滴于蜡盘上。

② 取铜网使有支持膜的表面与样品液表面接触，静置 3～5 min 取出，取出铜网，用滤纸条吸除多余的液滴，稍晾干。

③ 取 2%醋酸铀溶液，滴一小滴于蜡盘上。吸附有样品的铜网放置于染液表面(样品与染液接触)，静置 3～5 min。

④ 电镜观察及照相：在专业技术人员指导下进行。

作业及思考题

(1) 电镜下观察 TMV、CMV、PVY 病毒粒体形态。

(2) 取 TMV 或 PVY 粒体照片，度量 10 个粒体形态，根据放大倍数，求算出病毒粒体的大小。

实验21　植物病毒内含体的观察

【实验目的】

学习掌握观察内含体的方法，了解常见内含体的形态特征。

【实验原理】

内含体又称包涵体。植物病毒在寄主细胞内聚集或诱导寄主细胞产生的结构。内含体有两种类型：第一类为细胞质内含体，由病毒粒体构成，病毒粒体有规则的排列成纤维状、类晶状和结晶体；第二类为蛋白质内含体，病毒复制过程中未形成完整粒体的过剩蛋白质组成。一些植物病毒内含体可在光学显微镜下检查到，还有一些必须通过电镜才能看到。不同属的植物病毒往往产生不同类型、不同形状的内含体，通常有不定形、结晶状、风轮状等。不定形内含体是由病毒粒体和寄主细胞成分混合组成的，而晶体状内含体一般是由病毒粒体整齐排列堆叠而成。

内含体的差异可作为某些病毒种属的一个参考鉴别特征，马铃薯Y病毒属(*Potyvirus*)形成风轮状内含体。

【实验材料】

感染TMV 2～4周后显症的普通烟苗。

【实验设备及用品】

普通光学显微镜。

【试剂制备】

① 碘液：碘液1 g，碘化钾2 g，蒸馏水300 mL配成碘液。

② 锥蓝染液：称取0.5 g锥蓝溶于100 mL 0.9% NaCl溶液中制成锥蓝染液。

【实验步骤】

1. 直接检查

取显症的烟草花叶病病叶，用镊子撕取一层下表皮置载玻片上的小水滴中，盖上盖玻片后，在显微镜下直接观察。在烟草的表皮细胞或表皮毛状体中可见六边形结晶状的内含体。

2. 染色检查

(1) 碘液染色

滴碘液1滴于载玻片上。用镊子撕取烟草花叶病叶下表皮置碘液中染色2～3 min，加盖盖玻片，置显微镜下观察。在表皮细胞内可见到细胞核染成鲜黄色，TMV不定形内含体染呈黄褐色。

(2) 锥蓝染色

用镊子撕取烟草花叶病病叶下表皮，置锥蓝染液中染色10 min，用蒸馏水冲去多余的染液，盖上盖玻片，显微镜下观察。细胞核染成蓝色，在细胞核旁边的不定形内含体染呈深蓝色，结晶状内含体呈透明状。

作业及思考题

绘出所观察到的内含体形态图。

实验 22　植物病毒株系的测定

【实验目的】

学习掌握植物病毒株系测定的基本操作方法。

【实验原理】

植物病毒可以发生株系分化，这些分化主要是针对不同品种的致病力有差异，采用一定的鉴别寄主就可以区分出不同的致病类型(简称株系)。

【实验材料】

① 鉴别寄主：南农 1138-2，猴子毛，突变 30，8101，铁丰 25，Davis，Buffalo，早熟 18，广吉，齐黄 1 号，科丰 1 号等 11 个大豆品种。

② 病毒标样：田间采集的典型的大豆病毒病标样。

【实验步骤】

(1) 盆播鉴别寄主

11 个大豆鉴别寄主分批播于温室，相对于每个标样，每品种播 2 盆，每盆留苗 6～10 株。

(2) 接种鉴定

每个标样在每个品种上按常规方法进行汁液摩擦接种 2 盆，每批均接种 SC-7 大豆品种为对照。

(3) 症状观察

接种 10d 后，连续观察记载发病情况，分别记载接种叶和上位叶反应症状：系统花叶记为"M"；叶脉坏死、顶枯或枯斑均看作坏死，记为"N"；花叶和坏死都有的记为"MN"，无反应症状记为"—"。

(4) 株系划分

株系划分参照表 22-1 进行。

表 22-1　株系划分参照表

序号	株系鉴别寄主											SMV 株系群
	南农 1138-2	猴子毛	突变 30	8101	铁丰 25	Davis	Buffalo	早熟 18	广吉	齐黄 1 号	科丰 1 号	
1	S	S	R	R	R	R	R	R	R	R	R	SC-1
2	S	S	S	R	R	R	R	R	R	R	R	SC-2
3	S	S	S	S	R	R	R	R	R	R	R	SC-3
4	S	S	S	S	S	R	R	R	R	R	R	SC-4

续表

序号	株系鉴别寄主											SMV株系群
	南农1138-2	猴子毛	突变 30	8101	铁丰 25	Davis	Buffalo	早熟 18	广吉	齐黄1号	科丰1号	
5	S	S	S	S	S	S	R	R	R	R	R	SC-5
6	S	S	S	S	S	S	S	S	R	R	R	SC-6
7	S	S	S	S	S	S	S	S	S	R	R	SC-7
8	S	S	S	S	S	S	S	S	S	S	R	SC-8
9	S	S	S	S	S	S	S	S	S	S	S	SC-9
10	S	S	S	S	S	S	S	S	S	R	S	SC-10

注：S：感病；R：抗病。

作业及思考题

调查实验结果，分析成败原因。

实验 23 植物病毒 ELISA 检测

【实验目的】

掌握用 ELISA 法检测植物病毒病的基本操作方法。

【实验原理】

酶联免疫吸附试验(enzyme-linked immunosorbent assay，简称 ELISA)是免疫酶技术的一种，是将抗原抗体反应的特异性与酶反应的敏感性相结合而建立的一种检测技术。ELISA 的技术原理是：将酶分子与抗体(或抗原)结合，形成稳定的酶标抗体(或抗原)结合物，当酶标抗体(或抗原)与固相载体上的相应抗原(或抗体)结合时，即可在底物溶液参与下，产生肉眼可见的颜色反应，颜色的深浅与抗原(或抗体)的量成比例关系，使用 ELISA 检测仪，即酶标仪，测定其吸收值可做出定量分析。此技术具有特异、灵敏、结果判断客观、简便和安全等优点，不仅在植物病理学中应用广，而且也在其他生物学科领域广为应用。ELISA 类型繁多，国内已有市售试剂盒，可根据需要选用，按说明书操作。

【实验材料】

感染 TMV 的烟草新鲜叶片。

【实验设备及用品】

96 孔酶标板，酶标仪，台式离心机，微量移液器，洗瓶，量筒，烧杯，三角瓶，研钵，记号笔。

【试剂配制】

① 抗原包被缓冲液(0.05 mol/L 碳酸盐缓冲液，pH 9.6)：Na_2CO_3 1.59 g，$NaHCO_3$ 2.93 g，NaN_3 0.2 g 定容于 1 L 蒸馏水中。

② 洗涤缓冲液(0.02 mol/L PBS-吐温缓冲液 PBS-T pH 7.4)：NaCl 8.0 g，KH_2PO_4 0.2 g，$Na_2HPO_4 \cdot 12H_2O$ 2.9 g，KCl 0.2 g，NaN_3 0.2 g，定容于 1 L 蒸馏水中，加入 5 mL 吐温-20。

③ IgG 稀释缓冲液(0.02 mol/L PBS-T 牛血清白蛋白溶液)：取 0.1 g 牛血清白蛋白溶于 100 mL 用灭菌蒸馏水配制的 PBS-T 缓冲液即可。

④ 底物溶液(邻苯二胺溶液，pH 5.0)。柠檬酸 2.55 g，$Na_2HPO_4 \cdot 12H_2O$ 9.2 g，加蒸馏水至 500 mL；称取 40 mg 邻苯二胺，溶于 100 mL 上述缓冲液中，加 30% H_2O_2 0.15 mL，现用现配。

⑤ 终止液(2 mol/L H_2SO_4 溶液)：60 mL 水缓慢加入到 10 mL H_2SO_4 中，定容至 100 mL。

【实验步骤】

① 制备样品：分别称取健株和病株叶片 0.4 g 于研钵中充分研磨，用抗原包被缓冲液分别配制 1∶10，1∶100，1∶1000 样品悬浮液，过滤或 3000 r/min 离心 10 min，取上清备用。

② 包被抗原：按照实验设计在酶标板相应孔中加样，每孔 200 μL，加盖后置 4℃冰箱中过夜(或 25℃温箱孵育 3～5 h，或 37℃孵育 2 h)。

③ 洗板：倒尽酶标板孔中的包被液，用洗涤缓冲液冲洗 3 次，每次 3 min(倒除清洗液时可稍用力甩干，使壁底无残留液和气泡)。

④ 配制抗血清工作液：根据 TMV 抗血清效价，用 IgG 稀释缓冲液配制一定浓度的抗血清工作液。

⑤ 加抗体：按照实验设计向酶标板孔中分别加入抗血清工作液，每孔 150 μL，37℃孵育 1～2 h。

⑥ 洗板，洗涤 3 次。

⑦ 配制酶标抗体工作液：用 IgG 稀释缓冲液配制一定浓度的辣根过氧化物标记羊抗兔抗体工作液。

⑧ 加酶标羊抗兔抗体工作液于酶标反应孔中，每孔 100 μL，37℃温育 1 h。

⑨ 洗涤 3 次。同前。

⑩ 加底物溶液，每孔 100 μL，37℃温育 1 h。

⑪ 每孔加入一滴终止液终止反应。

⑫ 目测。以颜色深浅记录"＋＋＋"、"＋＋"、"＋"、"±"、"－"，或用酶标仪测定波长 492 nm 处的 OD 值，比阴性对照读数高 2 倍以上者判断为阳性。必须设置空白对照、健康对照和阳性对照，每个样品应设 2～3 个重复。反应结束后，立即用酶标仪读数。

作业及思考题

(1) 完成实验报告。

(2) 实验操作中应该注意哪些事项？

(3) 哪些因素可以影响 ELISA 测定的结果？

实验 24　琼脂双扩散法检测植物病毒

【实验目的】

掌握用琼脂双扩散技术检测植物病毒的基本操作方法。

【实验原理】

琼脂在高温时融化，冷却后凝固成多孔结构的物质，孔内充满水分。大小在一定范围内的抗原和抗体粒体可在琼脂中自由扩散，比例合适时，相应的抗原，抗体相遇后形成沉淀带，以此来判断病毒病的种类。

【实验材料】

① 被测样：感染 SMV 的大豆病叶。

② 正对照：SMV。

③ 负对照：健康的大豆叶片。

【实验设备及用品】

培养皿，打孔器，吸引器，温箱，量筒，烧杯，玻璃棒，研钵，天平，微波炉，长嘴吸管，纱布，剪刀等。

【试剂配制】

① 实验用培养基：琼脂粉 0.8%，SDS 0.5%，NaN_3 1%，蒸馏水 100 mL。

把称好的琼脂粉放在烧杯中，加入 60～70 mL 蒸馏水加热溶化，不断用玻璃棒搅动，达到完全溶化，待冷却至 60℃左右加入 NaN_3 及已溶解好的 SDS。然后加足水继续搅匀。用 20 mL 的量筒倒入培养皿中，倒时培养皿放平处。直径为 6 cm 的培养皿倒入 7～8 mL；直径为 9 cm 者倒入 15 mL，即 3 mm 左右的厚度。待培养皿冷却凝固后，进行打孔。放入 2～4℃冰箱保存备用。

② PB 缓冲液：NaH_2PO_4 39g，Na_2HPO_4 61 g，蒸馏水 1000 mL。

【实验步骤】

(1) 配制实验用培养基

(2) 测定方法

① 用打孔器打孔。打孔器在培养基打孔的位置要与图 1 相符。打孔时操作要小心，慢慢进行，防止把培养基带离皿底。孔距 3～3.5 cm。孔直径 5 mm。吸去孔中基质(图 24-1)。

② 加样：取被测样品(病叶)加 0.02 mol · L^{-1} pH 7.0 PB 或蒸馏水 1∶0.5～1(W/V)，用研钵研磨。纱布过滤取其汁液。滤液加 3%SDS 3∶1(V/V)；正负对照(已知抗原和健叶)加 PB 或蒸馏水1∶4(W/V)研磨，汁液 3% SDS 3∶1(V/V)。

中间孔加满 SMV 的抗血清，周围加抗原(包括被测样 1/4，1/8，1/16，1/32 等浓度，正负对照)。注意，加入的量不可少，也不可溢出孔外。

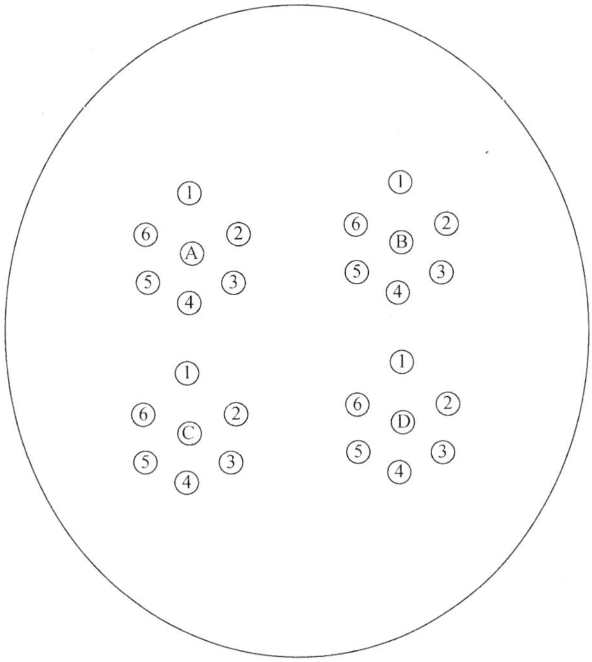

图 24-1　打孔器在培养基打孔的位置

③ 加盖保湿。放 20～25℃温箱中。第二天在琼脂双扩散器上观察中央孔与外围之间是否有沉淀线。记录实验结果，有反应的记“+”，无反应的记为“-”。

表 24-1　记录结果

A		B		C		D	
1	______	1	______	1	______	1	______
2	______	2	______	2	______	2	______
3	______	3	______	3	______	3	______
4	______	4	______	4	______	4	______
5	______	5	______	5	______	5	______
6	______	6	______	6	______	6	______

作业及思考题

(1) 影响琼脂双扩散实验准确性的因素有哪些？

(2) 根据实验结果判断检测样中有无 SMV 病毒？

实验25　植物病毒的分子检测

【实验目的】

学习PCR的基本原理，掌握反转录PCR(RT-PCR)的基本操作技术。

【实验原理】

聚合酶链式反应(polymerase chain reaction，PCR)是体外酶促合成特异DNA片段的一种方法，为最常用的分子生物学技术之一。

典型的PCR由① 高温变性模板；② 引物与模板退火；③ 引物沿模板延伸三步反应组成一个循环，通过多次循环反应，使目的DNA得以迅速扩增。其主要步骤是：将待扩增的模板DNA置高温下(通常为93～94℃)使其变性解成单链；人工合成的两个寡核苷酸引物在其合适的复性温度下分别与目的基因两侧的两条单链互补结合，两个引物在模板上结合的位置决定了扩增片段的长短；耐热的DNA聚合酶(Taq酶)在72℃将单核苷酸从引物的3′端开始掺入，以目的基因为模板从5′→3′方向延伸，合成DNA的新互补链。

PCR能快速特异扩增任何已知目的基因或DNA片段，并能轻易在皮克(pg)水平起始DNA混合物中的目的基因扩增达到纳克、微克、毫克级的特异性DNA片段。因此，PCR技术一经问世就被迅速而广泛地用于分子生物学的各个领域。它不仅可以用于基因的分离、克隆和核苷酸序列分析，还可以用于突变体和重组体的构建、基因表达调控的研究、基因多态性的分析、遗传病和传染病的诊断、肿瘤机制的探索、法医鉴定等诸多方面。

大多数植物病毒基因组为RNA，而Taq DNA聚合酶不能以RNA为模板合成DNA链。这就需要首先在逆转录酶的作用下，以RNA为模板合成互补的第一链DNA之后才能进行常规PCR反应，这一技术称为反转录PCR(reverse transcription PCR)，简称RT-PCR。

【实验材料】

CMV病叶，TMV病叶，健康植株叶片。

【实验设备及用品】

凝胶成像系统(或紫外观察仪)，PCR仪；琼脂糖电泳仪，液氮，研钵，研棒(160℃干热灭菌3～4 h)，台式高速离心机，离心管，微量可调试加液器等。

【试剂配制】

(1) 植物总RNA抽提溶液

① 研磨缓冲液：100 mmol·L^{-1} Tris-HCl(pH 8.5)，100 mmol·L^{-1} LiCl，5 mmol·L^{-1} EDTA(pH 8.0)，100 mmol·L^{-1} NaCl，1.0%(W/V)SDS。

② TE：10 mmol·L^{-1} Tris，1 mmol·L^{-1} EDTA (pH 8.0)。

③ 2 mol·L^{-1} LiCl。

④ 8 mol·L^{-1} LiCl。

⑤ 3 mol·L^{-1} NaAc(pH 5.2)。

⑥ 氯仿：异戊醇(24：1)。

⑦ 70%乙醇。

(2) 电泳用溶液

① 5×TBE 电泳缓冲液：54 g Tris，27.5 g 硼酸，20 mL 0.5 mol·L^{-1} EDTA (pH 8.0)，加超纯水至 1 L。

② 10 mg·mL^{-1} EB：在 20 mL 水中溶解 0.2 g 溴化乙锭，混匀后于 4℃避光保存。

③ 6×载样缓冲液：称取溴酚蓝 250 mg，加双蒸水 10 mL，在室温下过夜，待溶解后再称取蔗糖 40 g，加双蒸水溶解定容至 100 mL，加 10 mol·L^{-1} NaOH 1～2 滴使之呈蓝色。配成含 40%蔗糖溶液的 0.25%溴酚蓝溶液。

【实验步骤】

(1) 溶液配制

(2) 植物总 RNA 的抽提

① 5 g 叶片（CMV 病叶、TMV 病叶或健康植株叶）加液氮研磨成粉末，解冻前迅速加入 600 μL、60℃预热的研磨缓冲液和 600 μL 氯仿∶异戊醇(24∶1)混匀。

② 匀浆液转入 1.5 mL 离心管中，剧烈振荡 5 min。

③ 4℃，4000 r·min^{-1}离心 10 min。

④ 取上层水相至新离心管中，加等体积氯仿∶异戊醇(24∶1)轻微摇匀。

⑤ 4℃，4000 r·min^{-1}离心 10 min。

⑥ 重复步骤④和⑤。

⑦ 取上层水相，加入 1/3 体积 8 mol·L^{-1} LiCl，轻轻摇匀，4℃下沉淀过夜。

⑧ 4℃，12 000 r·min^{-1}离心 10 min。

⑨ 去上清，沉淀用 2 mol·L^{-1} LiCl 重悬浮。

⑩ 4℃，12 000 r·min^{-1}离心 10 min。

⑪ 去上清，将沉淀风干，溶于 100 μL TE 中。

⑫ 加入 1/10 体积 3 mol·L^{-1} NaAc(pH 8.0)，2 倍体积冷的无水乙醇，−20℃过夜。

⑬ 4℃，12 000 r·min^{-1}离心 15 min。

⑭ 小心去上清，沉淀用 70%乙醇洗一次，风干，溶于超纯水中，−20℃储存备用。

(3) RT-PCR 反应

① 反转录：以抽提的植物总 RNA 为模板，按所购试剂盒说明书进行。

提示：以超纯水为平行对照，以已经确定的 CMV、TMV 标准样为阳性对照。

② PCR 扩增：反转录完毕，分别向反应体系中加入 PCR 缓冲液、引物和 Taq DNA 聚合酶（按说明书），在 PCR 仪上进行扩增反应。反应程序为：94℃，1 min；55℃，1 min；72℃，1.5 min；35 个循环后，72℃延伸 10 min。

(4) 电泳检查 RT-PCR 结果

① 制胶：用 0.5×TBE 电泳缓冲液配制 1.2%浓度的琼脂糖，用微波炉加热至琼脂完全溶解。冷却至 60℃左右，加入终浓度 0.5 μg·mL^{-1}溴化乙锭。趁热将溶液倒入制胶板中，形成 2～3 mm 凝胶层。

② 点样：凝胶板置入盛满 0.5×TBE 电泳缓冲液的电泳槽中。RT-PCR 产物与 1/5 体积

6×载样缓冲液混匀，小心加入凝胶板的点样孔中，蓝色样品混合物将沉入点样孔下部。同时点加 DNA 分子量标准。

③ 电泳：打开电源，调节电压至 3～5 V·cm^{-1}，溴酚蓝条带由负极向正极移动，约 1 h 后观察结果。

④ 观察：将电泳好的胶置于紫外透射检测仪上，戴上防护观察罩，打开紫外灯，可见到橙红色核酸条带。根据条带有无及位置判定是否发生了目的片段扩增，从而确定样品中是否含有 TMV。

作业及思考题

（1）完成实验过程，写出实验报告。

（2）哪些因素影响检测结果？

实验 26 植物病原线虫的形态观察

【实验目的】

通过显微观察，了解植物病原线虫的基本构造，掌握植物病原线虫重要属的形态特征及其所致病害的症状特点。

【实验原理】

线虫(nematode)是一类线形两侧对称的低等无脊椎动物，在自然界中分布广泛、种类繁多、形态各异。人们将以植物为食、具有口针的线虫统称为植物病原线虫或植物线虫。

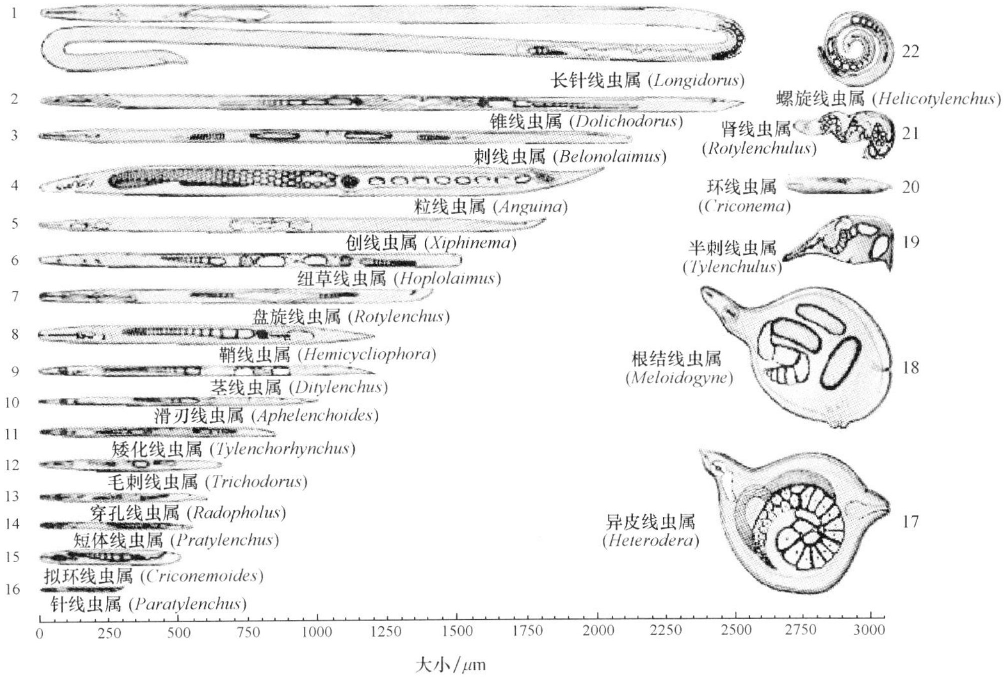

图 26-1 植物寄生线虫主要属的形态大小示意图

(仿自 Agrios,2005)

线虫虫体外部和内部的形态特征是植物线虫重要的分类依据。外部形态特征主要包括线虫的形状、大小、体壁构造、头部和尾部特征；内部形态特征主要包括消化系统、生殖系统、神经系统和排泄系统。

【实验材料】

水稻干尖线虫(*Apheleenchoides besseyi*)；南方根结线虫(*Meleidogyne incognita*)，寄主番茄、黄瓜等；大豆胞囊线虫(*Heterodera glycines*)；小麦胞囊线虫(*Heterodera avenae*)；其他寄生性线虫病的症状和玻片标本。

【实验设备及用品】

解剖镜,显微镜。

【实验步骤】

(1) 胞囊线虫属

取过筛法分离到的大豆胞囊线虫(*Heterodera* Schmidt)的胞囊在解剖镜下观察形状、颜色,区分头尾部,然后在低倍显微镜下压迫胞囊,镜检卵或二龄幼虫的形态。成熟雌虫的虫体膨大呈柠檬形或梨形,体壁褐化革质为胞囊,有突出阴门锥。雄虫为蠕虫形,尾短,末端钝圆,无交合伞。代表病害为大豆胞囊线虫病和小麦禾谷胞囊线虫病。

(2) 根结线虫属

挑取番茄根系上形成的根结中根结线虫属(*Meloidogyne* Goeldi)的白色雌虫,雌成虫膨大呈球形,具突出的颈,表皮柔软透明,卵成熟后全部排出到体外的胶质卵囊中,有特征性的会阴花纹。雄虫为蠕虫形,尾短,无交合伞,交合刺发达。代表病害为番茄(黄瓜)根结线虫病。

(3) 滑刃线虫属

挑取贝曼漏斗法分离到的水稻干尖线虫(滑刃线虫属,*Aphelenchoides* Fuscher),观察雌虫、雄虫均为细长蠕虫形,滑刃型食道。雌虫阴门位于虫体后部 1/3 处,有后阴子宫囊,尾末端钝圆,有尾尖突。雄虫交合刺玫瑰刺形,尾端弯曲成镰刀形,有 4 个尾尖突。代表病害为水稻干尖线虫病和草莓芽叶线虫病。

作业及思考题

绘制大豆胞囊线虫、小麦禾谷胞囊线虫、番茄根结线虫及水稻干尖线虫形态图。

实验 27 植物病原线虫的分离

【实验目的】

了解从植物组织和土壤中分离线虫的基本原理，掌握从植物组织和土壤中分离线虫的常用方法。学习在解剖镜下用镊子、毛针、毛笔等工具从水中或滤纸上挑取线虫的方法。

【实验原理】

分离线虫时采用何种方法，主要根据靶标线虫的种类和虫态、分离线虫的数量和用途、寄主植物的种类、标本的属性等而确定。

植物寄生线虫的虫体很小，除极少数可直接从植物组织中挑出以外，绝大多数需借助特定的工具和方法才能分离到。线虫的分离主要是利用它的趋水性、大小、比重以及与其他杂质的差异，采用过筛、离心或漂浮的方法将线虫从植物组织或土壤中分离出来。

【实验材料】

农田土壤样本，甘薯线虫病薯块，根结线虫根结。

【实验设备及用品】

体视显微镜，分离漏斗，土壤分离套筛，培养皿，表面皿，解剖镜，镊子，毛针或玻璃丝。

【实验步骤】

1. 植物组织中线虫的分离方法

(1) 直接解剖分离法

这种方法简单易行，速度快，适用于分离根结线虫、胞囊线虫等固着性内寄生线虫，以及虫体较大的茎线虫和粒线虫等迁徙性内寄生线虫。将根及其他植物组织表面清净，置于盛有适量清水的培养皿内，在体视显微镜下用解剖针或解剖刀将植物组织撕破或剖开，可观察到植物组织内的线虫。解剖出来的根结线虫雌虫和胞囊线虫胞囊可用毛刷或软镊子夹取，游离在水中的蠕虫形线虫则用毛针挑取，而虫卵则可用毛细吸管吸取。分离根组织内的根结线虫雌虫时，最好在 0.9% NaCl 溶液中进行，避免由于清水的渗透作用而使雌虫虫体爆裂。

(2) 贝曼漏斗法

这种方法是 Baermann 于 1917 年提出来的，该法操作简单，适于分离植物组织中比较活跃的线虫。该法的装置是将玻璃漏斗（直径 10～15 cm）放在固定架上，下部颈管套接 10 cm 长的橡胶管，橡胶管上安装一个止水弹簧夹。将植物材料（如根系）切成约 1 cm 长的小段，用双层棉纱布或尼龙纱布包好后轻放入盛满清水的漏斗中。因其趋水性和受地心引力的影响，线虫从植物组织中游出，并最终沉降至漏斗颈管末端的橡胶管中。24～48 h 后，打开弹簧夹用试管或离心管迅速接取 5～10 mL 的水样，静置 30 min 左右或离心 3 min，倾去管内上清液后，倒入培养皿来检查残留水中的线虫（图 27-1）。

这种方法仅限分离活动性的蠕虫形线虫，对死虫、不活动的线虫或虫态（如胞囊线虫和根结线虫的雌虫）则是无效的。

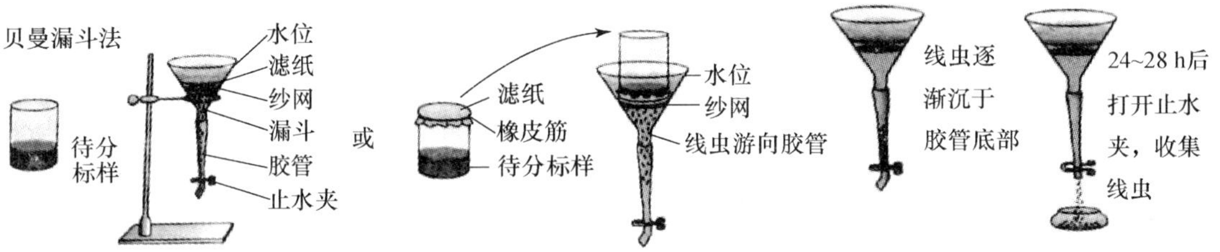

图 27-1　贝曼漏斗法分离线虫

（引自段玉玺,2011）

2. 土壤中线虫的分离方法——过筛分离法

这种方法是美国著名线虫学家 Cobb 于 1918 年提出的,主要用于分离土壤中的线虫。尽管比较粗糙,但因其操作简单、耗时少等特点,仍被广泛使用。

分离方法：用一组不同孔径的套筛,最上层筛孔径最大(常用 20 目或 25 目),最下层筛孔径最小(常用 325 目或 400 目)。先将土样放入塑料桶(或盆)内,再向容器内加水至 4/5,充分搅拌,使土块分散,线虫便悬浮在水或泥浆中。静置约 3 min,泥沙下沉而线虫仍悬浮在水中。将线虫悬浮液倾入套筛,向桶中沉积泥沙中再次加入清水,静置后倾入套筛,重复此步骤 3 次。最上层筛收集大杂物,60～100 目筛收集胞囊或虫体较大的线虫(如剑线虫等),325 目或 400 目筛收集虫体较小的线虫,分别洗入烧杯中。烧杯静置 1～2 h,然后将上清液小心倾除或吸去,底部只留 20～40 mL 用于镜检。

用细筛过筛时筛孔容易堵塞。为避免堵塞,可将套筛倾斜 30°夹角,慢慢倾入线虫悬浮液,且边倾倒边轻拍筛子下侧。这样虽能在很大程度上避免筛孔堵塞,但也会降低分离获得线虫的数量。

作业及思考题

(1) 计算每克土壤或植物组织中的线虫数量。

(2) 如何区别腐生线虫和寄生线虫?

实验28　植物病原线虫的接种技术

【实验目的】

本实验以大豆胞囊线虫病为内容学习大豆胞囊线虫的卵悬浮液制备方法和接种技术。

【实验原理】

在研究病原线虫与寄主植物的相互关系中，需要进行接种工作。人工使病原物与寄主植物感病部位接触，创造条件使病原物侵入并诱致寄主发病叫做接种。接种能否成功与寄主植物的感病性、病原线虫的数量和致病性、发病的环境条件关系密切。接种按接种体形态，可分为幼虫、卵、卵块或胞囊、虫瘿残体和病土接种；按接种部位，可分为根系接种和茎叶接种。大豆胞囊线虫是一种土传的定居性内寄生线虫，主要为害寄主的根系。

【实验材料】

大豆胞囊线虫或禾谷胞囊线虫，消毒土壤等。

【实验设备及用品】

线虫分离筛，组织破碎器，塑料营养钵，烧杯，吸管，滤纸，培养皿，镊子等。

【试剂配制】

10%NaClO 溶液。

【实验步骤】

(1) 大豆胞囊线虫的卵悬浮液制备

① 利用淘洗过筛法分离胞囊；

② 挑取成熟、饱满的褐色胞囊放入组织破碎器中；

③ 用组织破碎器芯轻轻搅动 1～2 次后用吸管加入 5～10 mL 蒸馏水，把胞囊碎皮及卵洗入烧杯内；

④ 将破碎胞囊悬浮液倒入 200 目和 500 目网筛组，用自来水轻轻洗下 200 目网筛上的卵；

⑤ 收集 500 目网筛内的卵于烧杯中，定容后确定卵悬浮液的浓度。

(2) 大豆胞囊线虫的接种技术

① 将大豆种子用 10% NaClO 溶液浸泡 10 min，去除表面携带的病菌，然后用无菌水冲洗 3 次；

② 将种子放入装有湿润无菌滤纸的培养皿中，在光照培养箱 25℃下催芽，当胚根长 4～5 cm 时供接种用；

③ 准备大豆胞囊线虫的卵悬浮液，并定量；

④ 将经热力消毒的壤土、砂土按等体积装满于黑色塑料钵中；

⑤ 用玻璃棒在钵中央插入 3～4 cm 深小洞，选一致的大豆幼苗，每钵移栽一株，共 5 钵，然后用吸管将线虫的卵悬浮液注入小洞内，每株 2000～4000 个卵；

⑥ 接种后将塑料钵放置在温室工作台上，温度控制在24～30℃，35 d后观察根系上是否形成胞囊。

作业及思考题

(1) 调查记录发病情况。

(2) 影响接种成功的因素有哪些?

(3) 人工接种与自然侵染的差别在哪里?

实验 29　寄生性种子植物

【实验目的】

通过实验了解寄生性种子植物与寄主的相互关系(根寄生和茎寄生、全寄生和半寄生)，掌握重要寄生性植物的形态特征、分类地位及危害特点。

认识重要寄生性种子植物的拉丁学名。

【实验原理】

寄生性种子植物(parasitic seed plant)是指由于缺少足够的叶绿体或某些器官退化而依赖他种植物体内营养物质生活的种子植物，主要为桑寄生科、旋花科和列当科，此外也有玄参科和樟科等，约 2500 种。

寄生性种子植物由于摄取寄主植物的营养或缠绕寄主而使寄主植物发育不良，给植物生产带来一定的影响。但有些寄生性种子植物，如列当(*Orobanche spp.*)、菟丝子(*Cuscuta spp.*)等有一定的药用价值。

根据对寄主的依赖程度，可将寄生性种子植物分为全寄生性植物和半寄生性植物两大类。全寄生性植物又称非绿色寄生植物，如列当、菟丝子等，无叶片或叶片退化，无光合作用能力，其导管和筛管与寄主植物的导管和筛管相通，可从寄主植物体内吸收水、无机盐、有机营养物质进行新陈代谢。半寄生植物又称绿色寄生植物，如桑寄生(*Loranthus parasitica*)、槲寄生(*Viscum sp.*)等，有正常的茎、叶，营养器官中含有叶绿素，能进行光合作用，制造营养物质，但从寄主体内吸取水和无机盐类。

根据寄生的部位，可将寄生性植物分为根寄生和茎寄生。

寄生性种子植物的传播方式主要有以下几种。

① 风力：有些寄生性植物种子很轻、很小，种子随风力飞散传播。

② 鸟类：有些寄生性种子植物的果实为肉质浆果，成熟时色泽鲜艳，引诱鸟类啄食并随鸟的飞翔活动而传播，这些种子有生物碱保护，即使经过鸟类消化道亦不受损坏，随粪便排出，黏附在树皮上，在温湿度条件适宜时萌发侵入寄主。

③ 运输：与寄主种子混杂一起而传播，如菟丝子-大豆。

④ 弹射：有些寄生性植物果实成熟时，常吸水膨胀直至爆裂，将种子弹射出去，弹射距离一般 3～5 m，最远的可达 15 m。

寄生性种子植物对寄主有一定的专一性。玄参科独脚金属(*Striga Lour*)中的亚洲独脚金(*S. asiatica*)，寄生在甘蔗、高粱、玉米和陆生稻等作物的根部。桑寄生属的桑寄生(*L. parasiticus*)多危害梨、桃、李、杏、柑橘、苹果、枣、茶树和柳树等，以中国云南、贵州、四川等地较常见。长江下游各省发生的樟寄生 (*Loranthus yadoriki*)主要危害樟树、油茶等。槲寄生和樟科的无根藤(*Cassytha filiformis*)危害多种树木。在非绿色寄生性种子植物的列当属中，中国新疆等地的埃及列当(*O. aegyptiaca*)主要寄生于哈密瓜，也寄生于向日葵、辣椒、烟草、马铃薯和番茄等。长江以南各省所常见的中国野菰(*Aeginetia sinensis*)、印度野菰(*A. indica*)，多寄生在甘蔗和禾草类植物的根部。中国菟丝子(*Cuscuta chinensis*)多寄生于大豆等作物。

【实验材料】

各主要寄生植物的寄生状态及形态(幻灯片及标本):桑寄生属(*Loranthus*)的樟寄生(*Loranthus* sp.)、槲寄生(*Viscum* sp.),矮生槲寄生(*Arceuthobium* sp.)旋花科的菟丝子(*Cuscuta* spp.),列当科的列当(*Orobanche* spp.)与野菰(*Aeginetia* sp.),樟科的无根藤(*Cassytha* sp.),玄参科的独脚金(*Striga* sp.)等。

【实验设备及用品】

显微镜,放大镜,切片工具,玻片等。

【实验步骤】

(1) 观察半寄生/水寄生植物的形态特征和寄生结构

① 桑寄生属(*Loranthus*)(图 29-1):绿色寄生植物。观察寄生植物的匍匐茎和吸盘,从受害寄主茎部的剖面,观察寄生植物侵入寄主的情况,能否看到假根和次生吸根。桑寄生属植物主要分布在温带和热带,寄主多为阔叶乔木或灌木,如山茶科和山毛榉科,可作为中草药,有利尿等作用。其中:桑寄生(*L. parasitica*):叶片两面光滑,果实红色;樟寄生(*L. yadorica*):叶背密生星状短毛,果实黄色。

图 29-1 桑寄生属

防治:秋冬季节落叶后,人工摘除,或药剂防除。

② 槲寄生属(*Viscum*):绿色寄生植物。槲寄生为绿色小灌木,茎圆柱形,半寄生,二岐或三岐分枝,分枝处近互相垂直,有明显的节和节间;叶对生,倒卵形至椭圆形,内含叶绿素。世界各地均有分布,尤以温带为多。寄主范围多为阔叶树,如梨、榆、桦、栗、杨柳、胡桃等树种。

防治:秋冬季节,人工砍除或化防。

(2) 观察全寄生植物的形态特征和寄生结构

(1) 菟丝子属(*Cuscuta*)(图 29-2):菟丝子是菟丝子科菟丝子属植物的通称,俗称“金线草”。菟丝子叶片退化为鳞片状,茎为黄褐色丝状,是一类缠绕在木本和草本植物茎叶部营全寄生生活的草本植物。菟丝子除本身对植物有害外,还能传播细菌和病毒,引起多种植物病害。菟丝子在全世界广泛分布,中国各地均有发生。寄主范围广,主要寄生于豆科、菊科、蓼科、杨柳科、蔷薇科、茄科、百合科、伞形科等木本和草本植物上。

防治：人工摘除，化学防治，生物防治（鲁保一号）。

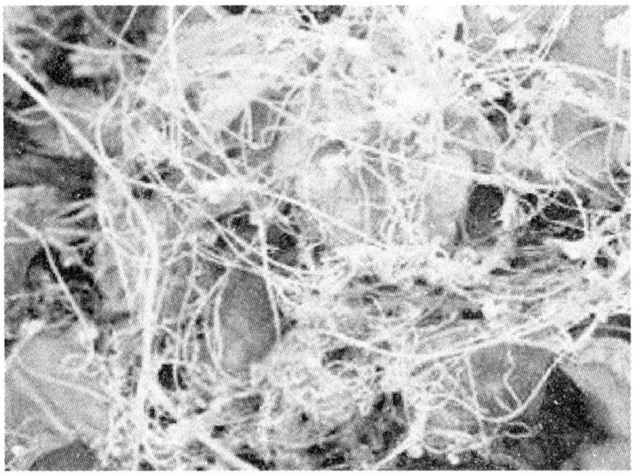

图 29-2　菟丝子属

观察寄生在大豆上的菟丝子（*C. chinensis*）寄生物的茎呈什么颜色，叶片的发育情况如何，果实的颜色怎样，剥开果实，每个果实内的种子有多少，大小和形状是否有规则。将缠绕在寄主体上的菟丝子解开，如所用的材料是新鲜标本，可以看见菟丝子的吸根固着在寄主茎表面，吸根是什么形状；如果用的是干标本，在解开它的缠绕茎时，干而脆的吸根往往被折断，但可以用放大镜在寄主茎的表面观察到吸器着生处痕迹的外貌及其排列情况。

在显微镜下观察被菟丝子寄生的大豆茎的横切面（永久玻片），观察形态和解剖结构。注意寄生物与寄主的导管和筛管相连部位的结构情况。

② 列当属（*Orobanche*）：列当是一类在草本或木本植物根部营全寄生生活的列当科植物的总称。列当的叶片退化，无叶绿素。列当主要分布在北温带，少数分布在非洲和大洋洲。在中国，列当主要分布在西北、华北、东北地区，少数分布在西南的高海拔地区。列当对农作物的损害很大，严重时可使作物绝产。较重要的有新疆的向日葵列当。

列当的花冠是唇形的，果实是蒴果，种子很小。观察它有没有发育完全的叶片，观察危害瓜类的埃及列当（*O. aegyptica*）或向日葵列当（*O. cumana*）的标本，注意其形态特征。

防治：人工拔除，喷洒除草剂。

③ 独脚金（*Striga* spp.）：为玄参科营寄生生活的一年生草本植物，俗称"大草或矮脚子"。主要分布于亚洲、非洲和大洋洲的热带和亚热带地区，主要寄主为禾本科植物，如玉米、甘蔗、水稻、高粱以及苏丹草和画眉草等。独脚金在非洲危害较严重，在中国少见。

④ 无根藤属（*Cassytha*）：无根藤是全寄生性缠绕杂草，又称无头草，属樟科无根藤属，以盘状吸根吸附在寄主植物上，茎线形，较粗，可分枝，绿色或绿褐色。与菟丝子有些相似，但菟丝子具有黄褐色的丝状茎，这是两者的主要区别。

无根藤主要分布于热带、亚热带地区，尤以澳大利亚北部为多，我国华南地区有一种，在丛林、树木上危害。

⑤ 寄生木属（*Phacellaria*）：这是一类以桑寄生、槲寄生为寄主的寄生植物，属檀香科寄生木属，为全寄生性植物。主要分布在热带和亚热带，少数在温带。

作业及思考题

（1）比较所观察的寄生性种子植物的形态特征及寄生性方式有什么不同。

（2）写出你所观察的寄生性种子植物是通过哪种方式进行传播扩散。

（3）植物寄生在植物上，这是生物的进化现象还是退化现象？

（4）寄生性种子植物对寄主有哪些危害？会不会造成寄主枯死？为什么？

（5）绘菟丝子吸盘形态解剖图。

下　篇

基本技术实验

实验30　生物显微镜的使用

【实验目的】

熟悉普通光学显微镜的构造及各部分的功能；学习并掌握油镜的原理和使用方法。

【实验原理】

植物病原微生物个体微小，必须借助显微镜才能观察到它们的个体形态和结构。熟悉显微镜的构造、熟练操作显微镜是植物病理学的一项基本技能。显微镜由机械装置和光学系统两大部分组成，具体构造如图30-1。

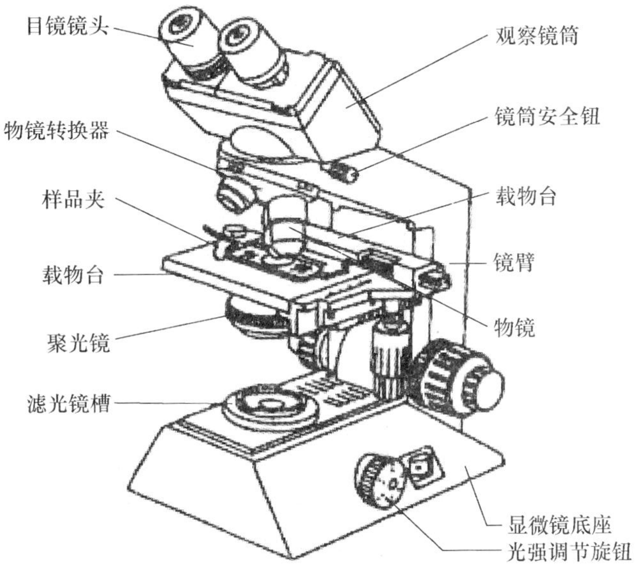

图30-1　生物显微镜的基本构造

植物病原研究用显微镜的物镜通常有低倍物镜16 mm 10×、高倍物镜4 mm 40×～45×和油镜18 mm 95×～100×三种。油镜通常标有黑圈或红圈，也有的以"OI"字样表示它是三者中放大倍数最大的。根据使用不同放大倍数的目镜可使被检物体放大1000～2000多倍。在使用油镜观察时，当标本在焦点上看得最清晰时，物镜与样品之间的距离最短，光圈开得最大。使用时油镜与其他物镜的不同是载玻片与物镜之间不是隔一层空气而是隔一层油质，称为油浸系。这种油常选用香柏油，因香柏油的折射率n(1.52)与玻璃相同。当光线通过载玻片后，可直接通过香柏油进入物镜而不发生折射。如果玻片与物镜之间的介质为空气则称为干燥系，当光线通过玻片后受到折射，发生散射现象，进入物镜的光线显然减少，这样就减低了视野的照明度。利用油镜不但能增加照明度，更主要的是能增加数值孔径，因为显微镜的放大效能是由其数值孔径决定的。所谓数值孔径，即光线投射到物镜上的最大角度。可用公式 $NA=n\cdot\sin\alpha$ 表示。式中，NA：数值孔径；n：介质折射率；α：最大入射角的半数，即镜口角的半数。因此光线投射到物镜的角度愈大，显微镜的效能就愈大。该角度的大小决定于物镜的直径和焦距。

显微镜的分辨力是指显微镜能够辨别两点之间最小距离的能力。它与物镜的数值孔径成正比，与光波长度成反比。因此，物镜的数值孔径愈大、光波波长越短，则显微镜的分辨力愈大，被检物体的细微结构也愈能明晰地区别出来。因此，一个高的分辨力意味着一个小的可分辨距离。显微镜的分辨力是用可分辨的最小距离来表示的。

分辨率（最大可分辨距离）$=\lambda/2NA$。式中，λ：光波波长；NA：物镜的数值孔径值。我们肉眼所能感受的光波平均长度为 0.55 μm，对于数值孔径为 0.65 的高倍物镜，它能辨别两点之间的距离为 0.42 μm；而在 0.42 μm 以下的两点之间的距离就分辨不出，即使用倍数更大的目镜使显微镜的总放大率增加也仍然分辨不出。只有改用数值孔径更大的物镜，才可增加其分辨力。例如采用放大率为 40 倍的高倍物镜，$NA=0.65$ 和放大率为 24 倍的目镜，虽然总放大率为 960 倍，但其分辨的最小距离只有 0.42 μm。假如采用放大率为 90 倍的油镜，$NA=1.25$ 和放大率为 9 倍的目镜，虽然总的放大率为 810 倍，但却能分辨出 0.22 μm 间的距离。

【实验材料】

植物病原玻片标本。

【实验设备及用品】

显微镜，擦镜纸，二甲苯，香柏油。

【实验步骤】

(1) 观察前的准备

① 置显微镜于平稳的实验台上，镜座距实验台边沿约 3～4 cm。镜检者姿势要端正，一般用左眼观察，右眼便于绘图或记录。两眼必须同时睁开以减少疲劳，亦可练习左右眼均能观察。

② 调节光源对光时应避免直射光源，因直射光源影响物像的清晰、损坏光源装置和镜头并刺激眼睛。如阴暗天气，可用显微镜灯照明。调节光源时，先将光圈完全开放，升高聚光镜至与载物台同样高，否则使用油镜时光线较暗；然后转下低倍镜，观察光源强弱，调节反光镜：光线较强的天然光源宜用平面镜；光线较弱的天然光源或人工光源宜用凹面镜。在对光时要使全视野内为均匀的明亮度。凡检查染色标本时光线应强，检查未染色标本时光线不宜太强。可通过扩大或缩小光圈、升降聚光器、旋转反光镜调节光线。

(2) 低倍镜观察

检查的标本需先用低倍镜观察。因为低倍镜视野较大，易发现目标和确定检查的位置。将细菌染色标本或菌物玻片标本置镜台上，用标本夹夹住移动推动器，使观察对象处在物镜正下方，转动粗调节器使物镜降至距标本约 0.5 cm 处由目镜观察，此时可适当地缩小光圈，否则视野中只见光亮一片，难见到目的物，同时用粗调节器慢慢升起镜筒，直至物像出现后再用细调节器调节到物像清楚时为止；然后移动标本认真观察标本各部位，找到合适的目的物，并将其移至视野中心，准备用高倍镜观察。

(3) 高倍镜观察

将高倍镜转至正下方，在转换物镜时需用眼睛在侧面观察，避免镜头与玻片相撞（否则易导致镜头被划破或玻片被压破）。由目镜观察，并仔细调节光圈，使光线的明亮度适宜，同时用粗调节器慢慢升起镜筒，至物像出现后再用细调节器调节至物像清晰为止。调到最适宜观察的部位后，将此部位移至视野中心，准备用油镜观察。

(4) 油镜观察

① 用粗调节器将镜筒提起约 2 cm 将油镜转至正下方。

② 在玻片标本的镜检部位滴上一滴香柏油。

③ 从侧面注视用粗调节器，将镜筒小心地降下，使油镜浸在香柏油中，其镜头几乎与标本相接。应特别注意，不能压在标本上，更不可用力过猛，否则不仅压碎玻片也会损坏镜头。

④ 从接目镜内观察，进一步调节光线，使光线明亮，再用粗调节器将镜筒徐徐上升，直至视野出现物像为止后，用细调节器校正焦距。如油镜已离开油面而仍未见物像，必须再从侧面观察，将油镜降下，重复操作至物像看清为止。

⑤ 用同样的方法观察枯草芽孢杆菌染色标本。

⑥ 观察完毕上旋镜筒。先用擦镜纸拭去镜头上的油，然后用擦镜纸蘸少许二甲苯(香柏油溶于二甲苯)，擦去镜头上残留油迹，最后再用干净擦镜纸擦去残留的二甲苯。切忌用手或其他纸擦镜头，以免损坏镜头。用绸布擦净显微镜的金属部件。

⑦ 将各部分还原，反光镜垂直于镜座，将接物镜转成八字形再向下旋。同时，把聚光镜降下以免接物镜与聚光镜发生碰撞危险。

(5) 显微照相

现在一些高级显微镜都有照相设备，且一般与电脑相连，即通过与显微镜相连的数码显微摄像系统，可以通过调试图像、浏览、采集、拍摄、保存在计算机中。上述操作要在管理人员指导下进行。

【注意事项】

(1) 显微镜的使用要严格按照要求操作，不能违反操作规程。

(2) 临时玻片的标本上要加盖玻片，同时临时玻片的上、下面不应有水溢出。

(3) 小心不要将镜头碰到玻片上。

(4) 用完油镜后要及时用镜头清洁液擦掉油污。

(5) 镜体要保持清洁，注意防潮、防尘，定期擦拭镜体各部位。

作业及思考题

(1) 分别绘出你在低倍镜、高倍镜和油镜下观察到的菌物及枯草芽孢杆菌的状态，包括在三种情况下视野中的变化，同时注明物镜放大倍数和总放大率。

(2) 在使用高倍镜和油镜进行调焦时应将镜筒徐徐上升还是下降？为什么？

(3) 用油镜观察时为什么要在载玻片上滴加香柏油？

实验 31　培养基的制作与灭菌

【实验目的】

掌握马铃薯-葡萄糖-琼脂培养基的制备。马铃薯-葡萄糖-琼脂培养基是优良的半合成培养基,因马铃薯营养丰富,性能稳定,适宜大多数菌物类微生物,故被微生物工作者视为基础培养基。

【实验原理】

培养基是用人工的方法将多种营养物质按照一定比例配制成的供微生物生长代谢的基质,含有微生物生长发育所需的水分、碳源、氮源、无机盐、生长素以及某些特殊的微量元素(见表31-1)。根据不同的微生物种类和不同的实验目的,培养基大致分为10类:天然培养基、合成培养基、半合成培养基、液体培养基、固体培养基、半固体培养基、基础培养基、增殖培养基、选择培养基和鉴别培养基。在培养基配制完成之后,必须经过严格的灭菌,彻底杀死其中原有的一切微生物。如图31-1所示。

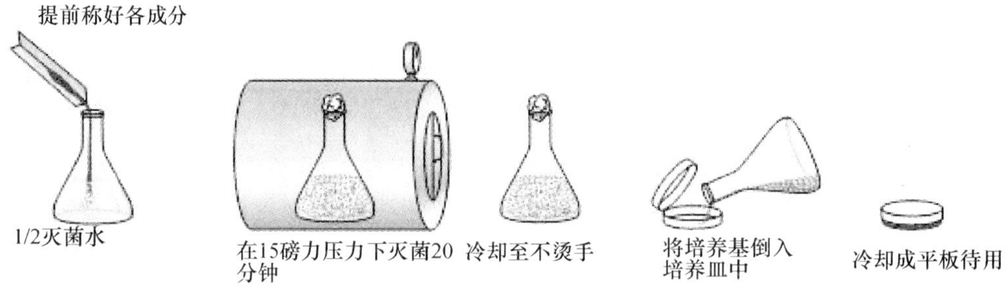

(1) 平板培养基的制作过程

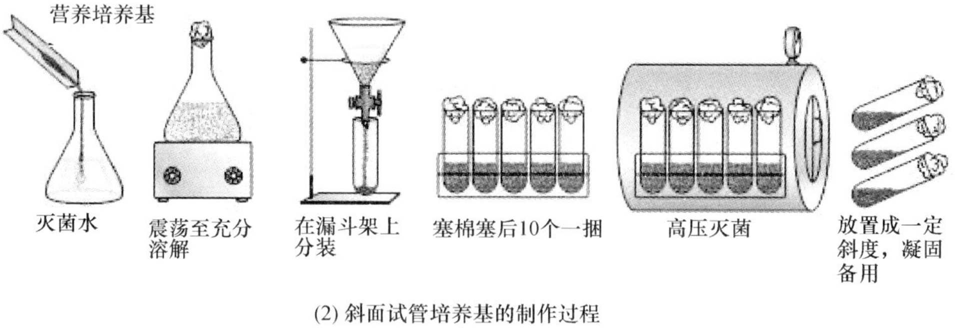

(2) 斜面试管培养基的制作过程

图 31-1　培养基制作与灭菌示意图

(仿 Agrios,2005)

表31-1　常用培养基配方

序号	培养基名称	配　方
(1)	牛肉膏蛋白胨培养基（细菌常规培养基）	牛肉膏5 g,蛋白胨10 g,NaCl 5 g,琼脂15 g,自来水1000 mL,pH 7.0
(2)	高氏一号合成培养基（放线菌培养基）	可溶性淀粉20 g,KNO_3 1 g,K_2HPO_4 0.5 g,$MgSO_4 \cdot 7H_2O$ 0.5 g,NaCl 0.5 g,$FeSO_4 \cdot 7H_2O$ 0.01 g,琼脂15 g,蒸馏水1000 mL,pH 7.2～7.4
(3)	马丁-孟加拉红培养基（菌物选择性培养基）	葡萄糖10 g,蛋白胨5 g,K_2HPO_4 1 g,$MgSO_4 \cdot 7H_2O$ 0.5 g,1/3000孟加拉红水溶液100 mL,0.03%链霉素稀释液100 mL,琼脂15 g,自来水800 mL,pH自然
(4)	土壤浸出液培养基	土壤浸液100 mL,葡萄糖1 g,K_2HPO_4 0.5 g,$CaCO_3$ 5 g,琼脂15 g,自来水900 mL
(5)	明胶培养基	牛肉膏3 g,蛋白胨5 g,明胶150 g,蒸馏水1000 mL,pH 7.2

【实验材料】

新鲜马铃薯,葡萄糖,琼脂。

【实验设备及用品】

菜板,小刀,天平,称量纸,小锅,纱布,玻棒,量杯,烧杯,铁架台,分装漏斗,记号笔,标签,牛角匙,棉花,棉绳,三角瓶,试管(18 mm×180 mm),培养皿,pH试纸;可调式电炉或微波炉,高压灭菌锅。

【实验步骤】

(1) 培养基的制作流程及时间

材料准备(10 min)→称量、溶解(30 min)→过滤(10 min)→调pH(10 min)→加琼脂融化(20 min)→分装(20 min)→塞棉塞(20 min)→灭菌(40 min)→摆斜面(10 min)

(2) 操作步骤

① 材料准备:新鲜马铃薯去皮备用。

② 称量、溶解:称取去皮的新鲜马铃薯200 g,切成1 cm见方的小方块放于小锅中,加入1000 mL自来水,置于可调式电炉上煮沸20 min,煮沸过程中称取葡萄糖20 g、琼脂20 g备用。如图31-2所示。

③ 过滤:用4层纱布直接倾倒过滤,滤去残渣,洗锅后,将滤液倒入锅中。如图31-3所示。

图31-2　溶解

图31-3　过滤

④ 调pH:常用1%的HCl及1%的NaOH进行调节。马铃薯葡萄糖琼脂培养基常采用自

然 pH。

⑤ 加琼脂融化：将称好的琼脂放入锅中融化，此过程中应注意不断地搅拌和控制火候，避免培养基溢出和烧焦；直至琼脂完全融化，再加葡萄糖，搅拌均匀，补充水量至 1000 mL。可事先在锅内用记号笔标记好 1000 mL 的刻度线，直接加水即可。

⑥ 分装：根据培养基不同的使用目的，分装到不同的容器中，如三角瓶、试管和培养皿等。由于培养基含有丰富的营养物质，因此在分装过程中一定要注意避免培养基玷污管口、瓶口，以免弄湿或粘住棉塞，造成污染，影响随后的工作。由于琼脂培养基易凝固，在分装过程中应保持琼脂培养基在 60℃左右。如遇凝固，可再次加热使其融化。分装三角瓶和试管时，采用带有橡皮管的大漏斗，橡皮管上加上一个弹簧夹。分装前，在试管管壁外用记号笔做好一定量的记号，一般试管分装量为试管容量的 1/5 或 1/7。分装时，小心将橡皮管放入试管，松开弹簧夹，向试管内注入定量的培养基，夹紧弹簧，再小心抽出试管，切勿使培养基触及管壁和管口。

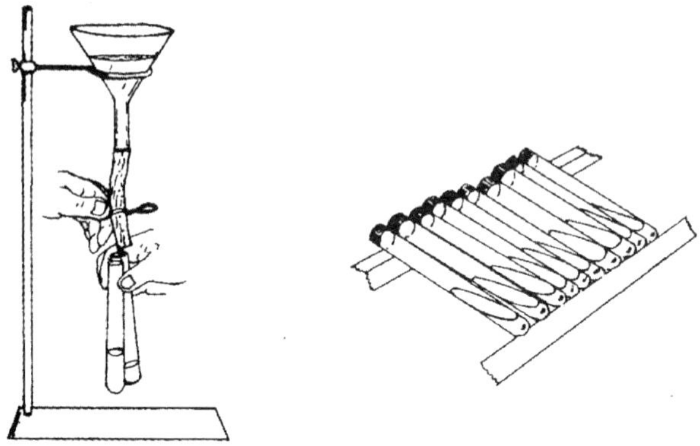

图 31-4　分装

⑦ 塞棉塞：分装完成后，应按瓶口、管口的大小塞上大小适度、松紧合适的棉塞，以阻止外界微生物进入培养基内，防止由此导致的污染，并能够保证良好的通气性能。塞好棉塞后，将试管培养基扎成一捆放于试管筐内。但由于棉塞外面容易附着灰尘和杂菌，灭菌时容易凝结水汽，因此在棉塞外面包裹上牛皮纸。棉塞的制作方法、捆扎方法参见图 31-5。

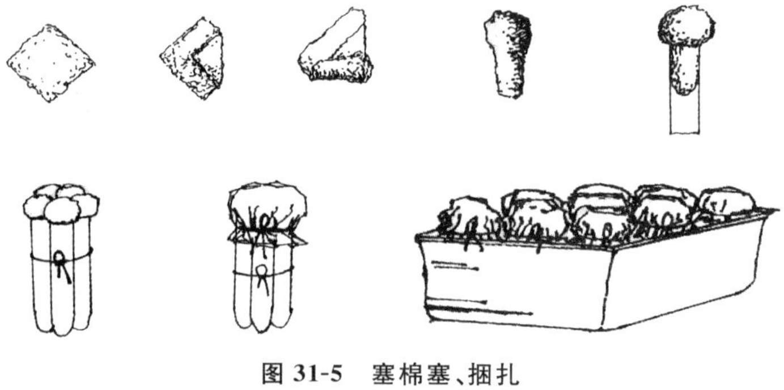

图 31-5　塞棉塞、捆扎

（仿赵斌）

⑧ 灭菌：培养基制作完成后，必须及时灭菌，否则会导致杂菌污染，从而导致培养基变质。实验室一般采取高压蒸汽灭菌，灭菌设备常见的为高压灭菌锅。灭菌过程中，必须将灭菌器内的冷空气排除干净，才能达到完全灭菌的目的。在空气完全排除的情况下，一般培养基只需在 121℃下灭菌 20～30 min 即可。

⑨ 摆斜面或倒平板：采用试管分装的培养基需要制作斜面，应趁热及时摆放制成斜面。斜面的长度不要超过试管长度的 1/3，摆放过程中切勿将培养基玷污棉塞，且凝固之前勿摇动。为了分离培养病原菌，更多的是倒入培养皿中制成平板，在平皿中到入 1/3 左右，轻轻摇动，使其均匀布满皿底。

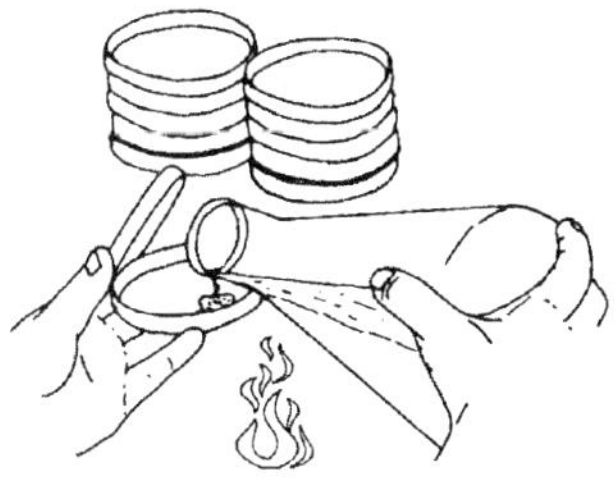

图 31-6

作业及思考题

(1) 独立查资料，写出牛肉膏蛋白胨培养基的制作步骤。

(2) 为什么培养基制作过程中不要求无菌条件？

(3) 马铃薯葡萄糖琼脂培养基属于哪一类培养基？

(4) 灭菌的目的是什么？

实验 32 植物病害标本的采集与制作

【实验目的】

学习植物病害标本的采集压制，掌握各种标本的保存方法。

【实验原理】

症状观察只是对植物病害的初步观察，症状诊断不是绝对可靠的，不同病原物可以产生相似症状，同时，在分离病原物前经过显微镜检查，对病原物或引起病害的原因有一个初步了解，有助于研究方法的选择和为大田防治提供意见和建议。要观察病害，首先要有标本。标本采集的成功与否，是病害准确诊断的前提条件，植物病害标本是植物病害及其分布的实物性记载，也是症状的最好描述。有了病害标本，就可以在室外观察的基础上，进一步在室内进行鉴定。所以采集植物病害标本是植病工作者的一项基本工作，对教学和科研都有重要意义。

(1) 采集标本的要求：植物病害的标本要能表现出植物病害的特征，需注意和采集病害症状的各种表现，对不认识的野生植物，一定要采集它的花、果实，以备鉴定。对在局部发病的植物，不一定采集植物的整株，但对整个植株发病的则应分别采集植株的不同发病器官。病征是在植物受病组织生长出来的病原菌，它是鉴定植物病害的主要依据。凡是有病征的植物病害，一定要注意采集有病征的标本。

(2) 观察：采集时，应首先对一种植物的反常表现进行观察，主要观察是不是一个病害，病害的特点是什么，哪些植株可以代表这个病害的特点。

(3) 采集：典型的病害植株选定后，就可以采集所需要的部分，每种标本可采三份。

(4) 编号登记：采集数种标本以后即可进行编号和登记。按照采集的顺序给所采集的标本编一个"采集号"，并及时填写采集签，做好记载。

【实验设备及用品】

采集用具有标本夹，标本箱，刀剪，铲，标本集夹，标本纸，采集号签，登记簿等。

① 标本夹：由长、宽 52 cm×4 cm 的板条五块，彼此间隔 3 cm，垂直地钉在长约 42 cm×44 cm的两根横木块。横木两端各外露 5～6 cm，标本夹共两片成为一付，用于加压使标本平展。有时为了采集方便，还钉制了便于携带的小型标本夹（采集夹），采集回单位后再换到大标本夹中，也是可取的一种方法。

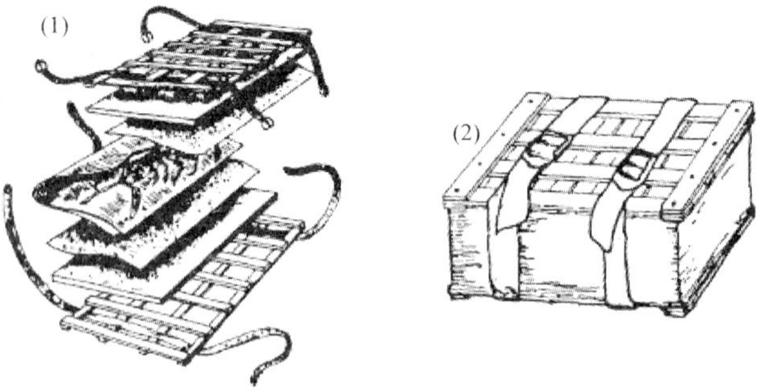

图 32-1 标本夹及其压标本示意

② 采集箱：用于临时收存新采的果实等柔软多汁标本，是由铁皮制成的扁圆箱，上有背带，目前可以用冷藏瓶代替。

③ 标本纸：采用吸水性强、价廉的草纸、麻纸，每张折成如标本夹大小的纸叠，晒干后，放入标本夹中。采回的标本放入纸中在标本夹内加压，已吸水的标本纸应及时换出晒干再次使用。

④ 标本瓶：由玻璃制成，作浸渍标本，以便于陈列观察。标本瓶有圆的也有方的，大小不同规格，可根据标本大小选择。

⑤ 放大镜：每次采集标本时都要带上 10～20 倍放大镜一枚，以便于检查有无霉层、黑点等，识别病害。

⑥ 采集号签：采集号签很重要，对于菌物资源调查的更是如此，因此要详细填写。采集号签由 2 cm×3 cm 大小的硬纸片制成一端穿孔系以棉线，签上注明标本采集号，采集人姓名及采集时间，挂在标本上。

⑦ 记载簿：是采集的田间记载本，其格式如下。

植物病害标本采集记载簿

采集号________________　采集日期________________

采集地点________________　海拔________________

寄主________________________________

病害名称________________________________

病征________________________________

症状特点________________________________

受害程度及分布情况________________________

产地环境________________________________

采集人________________________________

标本号数________________________________

备注________________________________

【实验步骤】

1. 蜡叶标本的采集与制作

采集的标本应及时进行压制，使其平展和迅速干燥，这样的标本叫蜡叶标本。要尽可能保持自然色泽和形状，干燥后的标本才能永久保存，成为有价值的材料。有的病害，如锈病、黑粉病的孢子容易散飞，且易相互污染，故在采集压制时要注意单独包好后再夹在标本夹中；每次换纸时，一定要小心，防止孢子散落在标本纸上，影响鉴定的准确性，这一点与一般病害有区别。

① 在压制前需进行标本的修剪整形，勿使其过大、过长，然后放在标本纸中尽可能地保持自然状态，加压使其吸水干燥。

② 换纸翻压：新采的标本，每日最少换干纸一次，高湿、高温及多汁的标本，每日应换纸两次。初次换纸翻压时进行标本的整形。3～5 d 后，标本已大部分干燥，可以隔日换纸翻压一次，直至干燥。有些植物标本，由于水分过高，加上酶的活动，在压制过程中很容易变色，如毛茛、马铃薯的茎叶等，都是比较难以保存的，在压制时要特别注意。必要时应采取其他保存方法。为了加快干燥，有些标本可以夹在吸水纸中用熨斗熨，使其快速干燥而保持原来的色泽，但制作孢子萌发和接种用的标本，不能用这种方法处理。

幼嫩多汁的标本，如花和小苗等，可夹在两层脱脂纸中压制。若水分过高，可在 30～45℃之间加温烘干。

③ 玻面纸盒保藏：有些病害的标本，可以作为教学和示范用的病害标本，用玻面的纸盒保藏比较方便。玻面纸盒的大小不一，适宜的大小是 20 cm×28 cm，高 1.5～3 cm。使用大小相同的纸盒，就比较美观而便于管理。纸盒中先铺一层棉花，棉花上放标本和标签，注明寄主植物和病害的名称，然后加上玻盖。棉花中可放樟脑粉少许或其他药剂驱虫。比较大的标本，可放在大纸盒中，教学标本按寄主排列较适宜，有专门公司制作标本盒，只要注意采购就行了。

④ 封套内保藏：植物病害标本经压制干燥后可装入纸袋或纸包中，尽量避免接触阳光，防止褪色，也可防止孢子洒落。同一种标本可以分放多个副本，以利于交换和交流，这一点对许多科研工作者非常重要。有的人习惯于每一地方采集的标本只保留一份。如果是新的物种，国内、国际上的同行索要的比较多，同时还应当给国家指定菌种保藏中心寄送一份作为保存。

标本整理鉴定以后，要经过熏蒸，再放在清洁和干燥的标本柜中长期保存，防止标本生霉。但干燥标本易遭虫蛀，可用小包的樟脑粉(市售樟脑球)或小包二氯苯粉放在标本袋或标本盒中。这些药品要定期更换，最好的防蛀方法是每年用氰化氢、甲基溴或吡啶等熏一次，用甲基溴熏蒸 24～48 h 即可。

2. 浸渍标本的制作

标本的浸渍保存，占的面积大，保存时间又有限，所以很少用于保存大量的标本。浸渍法多半用于保存教学和示范用的标本，植物苗期病害、果实病害、早期症状等。

浸渍液种类很多，有纯属防腐性的，也有专为保持标本原来色泽的。

(1) 防腐浸渍液

只有防腐作用，不能保持原色，成分为：福尔马林 50 mL，酒精(95%)300 mL，水 2000 mL。

配方可以简化，单用 5%福尔马林或 70%酒精溶液，后者用于保存多肉子囊菌和鬼笔目的子实体很适宜。

(2) 保存绿色的浸渍液

保存植物组织绿色的方法很多，可根据不同的材料，选用适当的方法。

① 醋酸铜浸渍液：将醋酸铜结晶逐渐加在 50%的醋酸溶液中，直到不再溶解为止，原液用水稀释 3～4 倍使用。稀释度因标本颜色的深浅而不同。颜色浅的用较稀的溶液，深的用较浓的溶液，标本放在煮沸的稀释液中，继续加热，标本的颜色开始褪去，经 3～4 min，待绿色恢复后，将标本取出用水漂净，保存于 5%的福尔马林水溶液中，或压制成干燥标本。

保色的原理大致是铜离子与叶绿素中镁离子的转换作用，因此，醋酸铜浸渍液重复使用后，其中铜离子的量逐渐减少，使用太久会丧失其保色能力。补加适量的醋酸铜，可恢复其保色作用。

这种方法的保色能力很好，但是标本必须煮过。如番茄等的果实等不能煮的标本就无法采用。同时，这种方法保存的标本有时带有蓝色，与植物的颜色稍有出入。

② 硫酸铜-亚硫酸浸渍液：标本在 5%的硫酸铜溶液中浸 6～24 h，取出用清水漂洗数小时，然后保存在亚硫酸溶液中(含 5%～6% SO_2 的亚硫酸溶液 15 mL，加水 1000 mL)。亚硫酸浸渍液也可用如下方法配制，即将浓硫酸 20 mL，稀释在 1000 mL 水中，然后加硫酸钠 16 g，配成的溶液可以储藏。这方法用于保存叶片、棉铃和葡萄等绿色的效果很好，但应注意密封瓶口，必要时可每年换一次亚硫酸浸渍液。

(3) 保存黄色和橘红色标本浸渍液

含叶黄素和胡萝卜素的果实如红辣椒等，用亚硫酸溶液保存比较适宜。方法是将亚硫酸（含 SO_2 5%～6%）配成 4%～10%的水溶液（含 SO_2 0.2%～0.5%）作浸渍用。

叶黄素和胡萝卜素是在细胞的色粒中，不溶解于水，可以用此方法保存。亚硫酸有漂白作用，浓度太高会使果皮脱色，浓度过低则防腐力又不够，所以浓度的选择要经过反复的实践后确定。如果防腐力不够，有时可加少量酒精。果实浸渍后如发生崩裂，可加少量甘油。

(4) 保持红色的浸渍液

红色因大多都是水溶液性的花青素（蓝色也是如此），所以难于保存。瓦查的红色浸渍液比较好，能固定红色。

瓦查保存红色浸渍液：硝酸亚钴 15 g，氯化锡 10 g，福尔马林 25 g，水 2000 mL。可用于保存草莓、辣椒、马铃薯以及其他组织的红色。标本洗净后，在浸渍液中浸 2 周（完全浸没），然后在以下浸渍液中保存。

福尔马林 10 mL，酒精（95%）10 mL，亚硫酸（饱和溶液）30～50 mL，水 2000 mL。

3. 浸渍标本的保存

浸渍标本可保存在试管、玻瓶标本缸中。为了避免标本的漂浮和移动，可将标本缚在玻璃上或用玻璃将标本压下。浸渍标本最好放在暗处，以减少药液的氧化或瓶口因温度变化太大而造成的裂碎。

浸渍标本的封口很重要，因为配制浸渍液所用的药品，大多是挥发性的或者是容易氧化的，密封可以保持药液的效用。封口的方法如下。

(1) 临时封口法

将蜂蜡和松香各 1 份，分别融化后混合，加少量凡士林成胶状，涂在瓶盖边缘，将盖压紧封口。明胶和石蜡的混合物也可用于封口，将明胶 4 份在水中浸几小时，滤去水后加热融化，加石蜡一份。融化后即成为胶状物，趁热使用。

(2) 永久封口法

将铬胶和硝石灰各一份混合，加水调成糊状物，即可用于封口，干燥后，因铬酸钙的硬化而密封。此外，将明胶 28 g 在水中浸数小时，滤去水分加热融化，加 0.324 g 重铬酸钾，并加入适量热石膏调成糊状，也可用于永久封口。

4. 蜡叶标本的保存

制成的标本，经过整理和登记，然后按照一定的系统排列和保藏，以便研究和教学过程中查找。

菌类标本一般按照分类系统排列，但作为植物病害标本，也可以以寄主植物排列。检索卡片要有两套，一套按照寄主索引，另一套按照病原索引，以便于查找和整理。标本上要有编号，大的标本室每个柜上都应当有编号，这样在使用后放回时，才不至于放到其他错误的位置。

标本室要保持干燥、清洁，并要定期换放防驱虫和防霉药剂（如樟脑精）等。

【注意事项】

(1) 采集标本的症状应具有典型性，同时要采集不同时期、不同器官的症状，这样才能使标本起到帮助人们正确认识病害的作用。例如小麦条锈病，其症状在幼苗期和成株期是不完全一样的；稻瘟病有叶瘟、穗茎瘟、谷粒瘟等；谷子白发病在不同时期的症状更是截然不同，形成所谓的灰背、白尖、枪杆、看谷佬、刺猬头等症状。所以，采集不同阶段的症状，对于正确认识和鉴定病害是十分重要的。

（2）菌物病害标本应采集有霉层或子实体的，这样才有利于鉴定。特别是对于提供学习菌物分类学研究的标本，如果没有病菌子实体，那就毫无用处。

（3）采集病害标本应力求单一，以便正确鉴定和使用标本。作为教学科研标本，初学者往往忽视这一点，总认为叶片上病害越多越好，但这样的标本会混淆视线，影响鉴定。如果把这样的标本作为教学用，学生对典型症状的掌握就不够，在以后的生产实践中就不能识别和鉴定病害。

（4）各种病害标本要尽量多采集一些，要从中选出典型的、色泽鲜艳的进行保存，同时要有一定备份(3～5 份)，以便于鉴定、保存和交换等。

作业及思考题

（1）每人制作完整的植物病害标本 3 份。

（2）制作液渍标本 1 份。

（3）标本采集制作中应注意哪些环节？

（4）影响植物病害标本的关键是什么？

实验33　植物病理玻片制作技术

【实验目的】

学习植物病害玻片标本的制作方法，掌握徒手切片技术，为以后开展病理学有关研究工作奠定坚实的制片技术基础。

【实验原理】

观察植物病害病原物的形态，进行病原物的分类鉴定，研究受病组织的组织结构病变，受病植物组织与病原物的解剖学关系以及对于难得一见病原物的保存备用等，都需将材料制成适当的显微玻片标本。因此，徒手制片技术也是植物病理学研究的重要手段之一。通过本实验系统学习并实践常用的徒手制片技术，为普通植物病理学和农业植物病理学的深入学习以及以后开展病理学的有关研究工作奠定坚实的制片技术基础。

【实验材料】

甘薯软腐病菌(*Rhizopus stolonifer*)、立枯丝核菌(*Rhizoctonia solani*)、链格孢(*Alternaria sp.*)，玉米小斑病菌(*Bipolaris maydis*)、花生黑斑病菌(*Cercospora arachidicola*)、柑橘青霉病菌(*Penicillium italicum*)、棉花黄萎病菌(*Verticillium dahliae*)、稻瘟病菌(*Pyricularia aryzae*)、棉花枯萎病菌(*Fusarium oxysporimu*)、疫霉菌(*Phytophthora sp.*)等病原的培养物。

油菜菌核病、麦角病的菌核标本，小麦白粉病、桃缩叶病、桑白粉病、小麦赤霉病、苹果腐烂病、苹果锈病、小麦腥黑穗等的蜡叶标本或新鲜标本。

【实验设备及用品】

拨针，刀片，酒精灯，载玻片，盖玻片，纱布，乳酚油，蒸馏水，吸水纸，生物显微镜等。

【试剂配制】

制作临时玻片都要使用浮载剂。浮载剂的作用是防止材料干燥和光线扩散，以利于显微镜下观察。浮载剂的种类很多，最常用的是灭菌水和乳酚油。

① 蒸馏水：浮载剂一般使用灭菌的蒸馏水最为方便，对观察物无不利影响。观察细菌病害的喷菌现象、线虫活动及菌物孢子萌发等都必须用水作浮载剂，测量菌丝直径和孢子大小时也以水作浮载剂最好。缺点是容易干燥，形成气泡，只适用于短时间的检查。

② 乳酚油：乳酚油是菌物学和植物病理学实验室常用的浮载剂。乳酚油的组成如下：苯酚结晶(加热融化)20 mL，乳酸 20 mL，甘油 40 mL，水 20 mL。各成分充分混匀后成为油性黏稠液体，具杀死和固定病原物的作用，可使干瘪的菌物孢子膨胀复原，还可使病组织变得略微透明。

如在乳酚油中加入 0.1%左右的棉蓝(苯胺蓝)，可以使孢子或菌丝略微着色，更便于观察，用乳酚油制作的片子不易干燥，可以进行较长时间的观察和计测。缺点是影响孢子的大小，易滑动，不易封固。

【实验步骤】

徒手制片的方法有整体封藏法、徒手切片法、组织透明制片法和涂抹制片法等多种。限于时间，本实验实践最为常用的是整体封藏法和徒手切片法两种。

(1) 整体封藏法

对于生长在植物病部表面或培基上的菌丝体、分生孢子、分生孢子梗和其他孢子器官以及线虫等,可直接择取少许封藏在适当的浮载剂中,在显微镜下观察。根据材料的特点和观察的目的,可采用不同的方法封藏制片。常用的方法的概括为挑、刮、拨、撕四种。

① 挑:又称为挑取法,即对于在植物受病部位或基质表面生长繁茂的霉状病原体(如霜霉菌)、粉状病原体(如锈菌、白粉菌)以及培养基上的许多培养菌,可用尖细的解剖针等直接挑取封埋制片。挑取病原体的量,在保证选材典型的前提下,越少越好,以免互相重叠,分辩不清;另外,也可以将半埋生的菌物子实体(子座,分生孢子器,子囊壳等)连同部分病组织一同排列在载玻片上,再用拨针将子实体剥离出来制片观察(图 33-1)。

取黄瓜霜霉病叶,小麦白粉病叶分别挑取霉状物和粉状物镜检病原菌的形态特点。

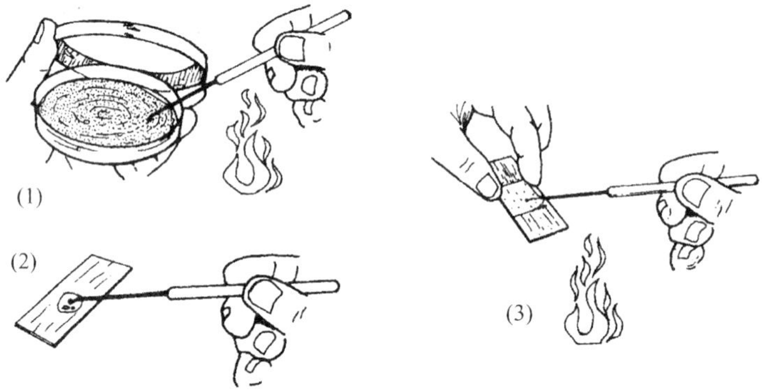

图 33-1　挑取法制玻片

② 刮:对病部病原体稀少,或用放大镜也难辨认霉层的病害标本,可采用两侧具刀的三角刮针(或可用刀片代替)刮取病原物制片。刮的方法是,用刮针的一刃,蘸浮载剂少许,在病部顺同一个方向刮取 2～3 次,将刮得的病原蘸在载玻片的浮载剂中封片镜检。浮载剂在保证浮载质量的前提下要尽量少,否则少量的病原体在大滴的浮载剂中极易分散漂流,在显微镜下难以寻找。

取玉米小斑病叶,在病斑背面刮制片,镜检分生孢子梗和分生孢子的形态。

③ 粘:又称为粘贴法。将透明的塑料胶带剪成 5 cm 左右的小块,使胶面朝下贴在病部,轻按一下揭下制片观察(图 33-2(1))。粘贴法适用于观察分生孢子在分生孢子梗上的着生情况及孢子链生或单生的特点,对于一些不宜刮取和挑去的病原更为适宜。

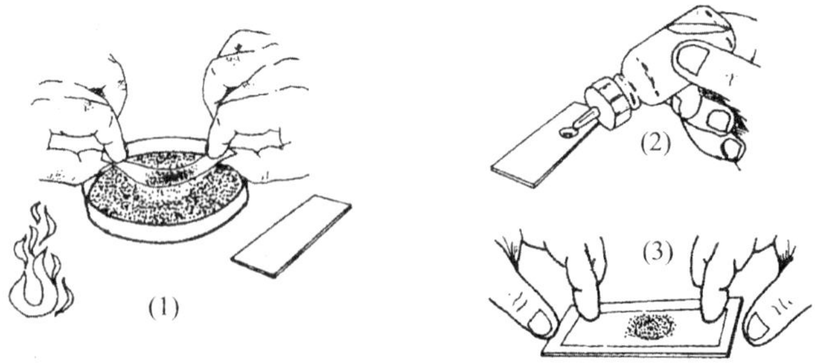

图 33-2　胶带粘取法制做玻片

④ 撕：又称为撕取法。对于寄生在植物表皮细胞上的病原菌物，也可以将有病原物的表皮撕下来制片镜检，这种方法不仅能看到病原物形态，而且可以观察病原物与寄主的解剖学关系。

在阴雨天自田间取回感染白粉病的麦苗（或在保温箱中取接种染病的麦苗），用刀片割破叶背表皮，再用小镊子轻轻撕下，放在浮载剂中制片，镜检白粉病菌分生孢子梗、分生孢子和吸器形态。

（2）徒手切片法

欲观察受病组织病变，病菌侵入和寄主体内扩展过程，以及埋生在基物内菌物子实体的形态结构等，都需将有关材料切成薄片，进行镜检。徒手切片是最常用的简便易行的方法，不需要特殊的设备，而且节省时间，切成的片子不仅可用作临时观察，也可进一步制成永久性玻片标本（图33-3）。

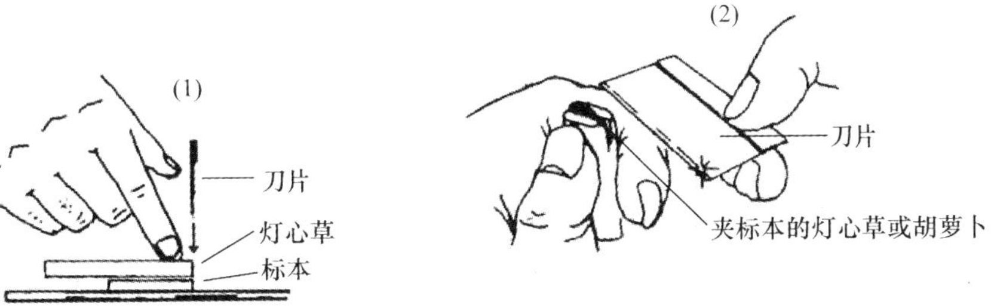

图 33-3　徒手切片示意

（1）压在玻片上切；（2）握在手中切

徒手切片的基本用具是剃刀或刀片。切片时先选取材料并作适当的修整，以左手的食指和拇指捏住材料，中指顶住材料下端，使材料上端突出于手指以上 2～3 mm。右手握稳刀，从左向右后方斜向切割。注意，刀口必须与材料面垂直，否则所得切面不正。同时双手不应紧靠身体，而是要活动自如。用臂力均匀地沿刀口后部起拉向前方，连续切割 4～5 片后，用毛笔蘸水轻轻沿刀口取下，放入盛有水的浅玻皿中。在此过程中，左手握着的材料不要放下，否则再切时难按原位置拿材料；此外，在切片过程中，必须常用毛笔蘸水湿润材料，以免材料干涸不便切割。

对于过于柔软或较薄的材料，可以夹在“夹持物”中进行切片更为方便。新鲜胡鲜卜和马铃薯块都可作“夹持物”用。实验室中，通常将通草、接骨木或向日葵的茎髓剪成适当大小，浸于70%酒精中备用。

切割一定数量的薄片后，用移置环在浅玻皿中选取合用的材料薄片，放在载玻片的水滴中，镜检合格者即置于酒精灯上将水烘干，并摆正材料，然后加一滴乳酚油或其浮载剂，放在展片台上略加热。镜检如无气泡，即可小心加盖片，用吸水纸吸除多余的浮载剂，最后贴好标签，平放于切片板上，待干燥适宜时封固。

徒手切片的缺点是对于微小或过大，柔软、多汁、肉质及坚硬的材料不易切取，也难制成连续切片，此外切片的厚薄也难一致。但是“熟能生巧”，经过反复练习，同样可以切出非常成功的片子，足可以观察病菌孢子器或子囊壳的特征及孢子特征。切片机切片即可克服这些缺点。

（3）组织透明制片法

为了观察病菌侵入寄主的现象及病组织中的菌丝扩展、吸器形状、子实体结构等，可以将组织透明处理，制成片子直接观察。组织透明的方法很多，实验室常用的比较简单的方法是将材料放在 75%的乳酸液中浸几天后即透明，也可以将观察组织放到载玻片上，滴加棉蓝乳酚油在酒精灯上徐徐加热至蒸汽出现，然后进行观察。

作业及思考题

（1）绘切片中观察到的病原物特征。

（2）临时玻片采用哪种方法好？

（3）徒手切片的技巧在哪里？如何能切出好的玻片？

实验 34　显微计测和显微描绘

【实验目的】

通过对病原菌孢子长和宽的测量，掌握使用测微尺测量微生物的大小的方法，为今后植物病原菌分类与鉴定奠定基础。

在显微鉴定工作中，绘制病原菌显微特征图，也是重要的表达形式，而且是比较直观且简单易行的。我们必须掌握这门绘图技术。

【实验原理】

测微尺分目镜测微尺和镜台测微尺两部分。目镜测微尺是圆形的玻片，中央刻有一条长 5 mm 的小尺，目镜测微尺每一小格相当的长度，是随显微镜的镜筒长度、目镜和物镜的放大倍数的改变而变化的。镜台测微尺外形与载玻片大小相似，中央刻有 1 mm 的小尺，小尺分为 10 大格，大格又分为 10 小格，即每小格为 1/100 mm，即 10 μm。用镜台测微尺测出目镜测微尺每小格的长度，然后再用目镜测微尺测量病原菌的大小。

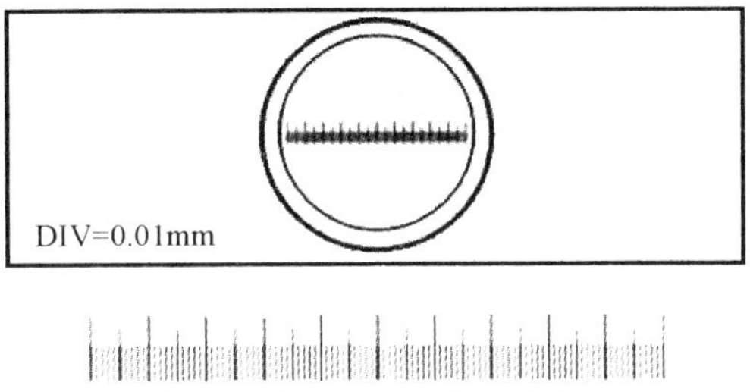

图 34-1　镜台测微尺

【实验材料】

瓜类枯萎病（*Fusarium oxysporum*），小麦散黑穗病（*Ustilago tritici*）。

【实验设备及用品】

目镜测微尺，镜台测微尺，显微镜，显微描绘仪，镜检用具和擦镜纸。

【实验步骤】

(1) 显微计测

① 擦净目镜测微尺，放入接目镜筒内。

② 擦净镜台测微尺，安放在载物台上。

③ 先用低倍镜观察，当镜台测微尺的任何两个刻度与目镜测微尺的任何两个刻度重合时，同时记下镜台测微尺和目镜测微尺的小格数目。重复三次。

表 34-1　测微尺的测量结果

	镜台测微尺/格	目镜测微尺/格
第一次观察	14	25
第二次观察	9	14
第三次观察	32	66
共　计	55	105

镜台测微尺：(55×10) μm/105 格＝5.2 μm/格

④ 用同一方法在高倍镜下测定目镜测微尺的长度。

⑤ 取下镜台测微尺，挑取病原菌孢子制片，用目镜测微尺测量孢子大小。测量 20 个孢子以上，记载孢子大小。

(2) 显微描绘

① 将病原菌制片放在显微镜的镜台上，调节光线及调节器使物象清楚显现。

② 取下显微镜上的目镜，把描绘目镜插入镜筒，将棱镜转向右方，拧紧固定螺丝。

③ 在显微镜右侧铺绘图纸。

④ 调节显微镜亮度及焦点并绘图。先用 HB 型铅笔轻轻绘出病原菌的轮廓，再描其他细微特征。

⑤ 移去描绘器，一边用显微镜观察病原菌，一边修改草图。再用不同硬度的铅笔勾画，制成线条平整圆滑、精确、粗细深浅一致的底图。

⑥ 用半透明的硫酸纸蒙在底图上描绘墨线图。

【注意事项】

(1) 反光镜的角度应该是 45°。

(2) 描绘用的铅笔笔头要削尖。

(3) 在未画完之前，切勿移动描绘仪和绘图纸。

(4) 调节显微镜光的强度，使所描绘的物体与笔尖都能同时看得很清楚。

作业及思考题

(1) 标化目镜量尺的长度。

(2) 测量瓜类枯萎病菌分生孢子和小麦散黑穗病担孢子大小，并用显微描绘仪绘图。

实验35　植物病害田间调查

【实验目的】

了解当地主要农作物和蔬菜病害发生的种类，掌握主要病害的调查方法、计算发病率和病情指数，为当地主要农作物和蔬菜病害的调查研究、品种的抗病性评价以及制定防治计划奠定基础。

【实验原理】

病害调查分一般调查、重点调查和调查研究三种。根据不同的目的，采用不同的调查方法。为了解某一地区作物病害发生情况时，采用一般调查；针对某一病害进行的调查，需要了解其分布、发病率、损失、环境影响和防治效果时，采用重点调查；针对病害的某一个问题进行的调查为调查研究，目的是为解决病害的某个问题。通常采用发病率和病情指数表示病害的发病程度。病害调查时，取样方法是影响调查是否能反映实际情况的关键因子，主要涉及取样地点、取样数量、样本类别和取样时间。这些因素随病害的不同而存在差异。

【实验材料】

当地主要农作物或蔬菜。

【实验设备及用品】

放大镜，记录本，标本采集用具及其他调查用品和用具。

【实验步骤】

(1) 主要农作物或蔬菜病害的普查

以小组为单位进行。

① 调查内容：结合当地主要农作物或蔬菜生产的具体情况，分别对不同农作物或蔬菜病害的发生种类、分布地点、危害程度以及发病条件等基本情况进行普查，以便为制定各种农作物或蔬菜病害的防治规划提供依据。

② 调查时间：可参照其他植物病害的普查，分别于苗期、成株期和生育期进行三次调查，以便于了解和掌握各种植物病害发生的全面情况。

③ 调查方法：结合不同植物的布局、地块情况及田间病害发生的特点，可采用5点取样、随机取样或其他取样方法，每点取样50株(叶或果实等)。统计各种病害的发病率，相应记入表35-1中。

表35-1　植物病害普查表

调查地点：　　　　调查日期：　　　　调查人：

植物名称	病害种类	地块号	土质	地势	水肥条件	品种	种子来源	生育时期	发病率/(%)	危害程度

(2) 作物或蔬菜苗期病害的调查

以小组为单位进行。

① 主要任务：通过调查当地作物或蔬菜病害的发生情况，着重分析环境因素与病害发生程度的关系及病害流行趋势，掌握病害的预测预报原理和方法。

② 调查方法：选择苗期病害发生程度不同的田块，在不影响全苗、不损坏植株的前提下进行，可采用 5 点取样、随机取样或其他取样方法，各取 10 个点，每点随机拔取 50 株苗，仔细检查苗期病害种类，统计各种病害的病苗率及病情指数。本调查也可结合间苗、定苗或移苗时进行。将调查结果记入表 35-2 中。

表 35-2 作物苗期病害发生基本情况调查表

调查地点： 作物种类： 调查日期：

病害种类	调查地点	地块号	调查株数	发病株数	病株率/(%)	病情指数
猝倒病						
立枯病						
灰霉病						
根腐病						

③ 统计方法：

发病率=[病株(叶、穗)数/调查总株(叶、穗)数]×100%

$$病情指数 = \sum\left(\frac{各级发病数 \times 各级代表值}{调查总株(叶、穗)数 \times 最高级别代表值}\right) \times 100\%$$

作物苗期病害严重度分级标准：

0 级—无病；

1 级—茎基部病斑横向发展不超过茎周 1/2；

2 级—茎基部病斑横向发展超过茎周 1/2，但病苗不枯死；

3 级—病苗枯死。必要时，可分别调查主要病种的发病率和病情指数。

(3) 水稻纹枯病调查

① 主要任务：通过调查当地水稻纹枯病发生情况，进一步了解栽培措施(肥、水、密度等)与病害发生情况。

② 调查方法：选择不同类型田 5～10 块，采用 5 点取样法，每田取样 5～10 个点，每点查 50 株，调查病株数、病斑高度。将调查结果记入表 35-3 中。

表 35-3 水稻纹枯病的病情调查表

调查地点： 调查时间： 调查人：

处理或品种	调查总株数	各级病株数						病株率/(%)	病情指数
		0 级	1 级	3 级	5 级	7 级	9 级		

③ 病情统计：根据所调查的结果进一步计算发病率和病情指数。
严重度分级标准(如图 35-1)：

图 35-1　病害严重度分级标准占植株比例示意图

0 级—不发病；
1 级——穴中少数植株发病或多数病斑的高度在稻株的 1/4 以下；
3 级—多数病株、病斑在 1/4～1/2 之间；
5 级—多数病株、病斑在 1/2～3/4；
7 级—多数病株病斑 3/4 以上；
9 级—多数病株发病枯死。
④ 病害流行程度：
极轻—发病指数 5 以下；
轻—病情指数 5.1～15；
中等—病情指数 15.1～30；
偏重—病情指数 30.1～50；
大发生—病情指数 50 以上。

作业及思考题

(1) 列表记载当地农作物或蔬菜病害种类、分布及危害情况。
(2) 写出病害调查报告。
(3) 每人根据调查结果选择上述调查之一写出调查报告。
(4) 为什么要用发病率和病情指数两个指标?

实验 36　病原菌生理小种的鉴定

【实验目的】

掌握生理小种的鉴定方法，学会鉴定寄主的选择。了解生理小种鉴定的基本原理和操作方法。

【实验原理】

病原物的寄生性在演化过程中，由于受寄主、环境等因素的影响往往会产生一些生理分化现象，表现在形态相同的病原菌，可因其对寄主的适应性形成寄生性的专化，形成生理生化特性、培养性状，特别是致病力不同的类群。这种类群是针对作物的不同品种而言的，叫生理小种(physiological race)。生理小种的鉴定是通过在一套鉴定寄主的反应来鉴别的，鉴定寄主有国际统一鉴定寄主。但由于生理小种又有分化，所以，有时只有国际统一鉴定寄主还难以区分，尚需有辅助鉴定寄主。在不同寄主上每一个生理小种的症状表现不同，同一寄主上不同生理小种的症状表现也各有差异，因此可以通过不同的鉴定寄主来进行生理小种的鉴定。

【实验材料】

(1) 大豆灰斑病生理小种鉴定

① 大豆灰斑病菌菌株若干。

② 鉴定寄主：九农 1 号，双跃 4 号，合交 69-231，Ogden，合丰 22，钢 5151。

(2) 小麦条锈菌生理小种鉴定

① 鉴定寄主：Trigo Eureka，Fulhard，保春 128，南大 2419，维尔，阿勃，早洋，阿夫，丹麦 1 号，尤皮 2 号，丰产 3 号，洛夫林 13 号，抗引 655，水源 11 号，洛夫林 10 号，中四，hybrid46，贵农 22，Yr5 等；高感品种：铭贤 169。

② 供试菌种：条中 19 号、条中 22 号、条中 29 号 3 个菌株，一个田间采集条锈菌标样，菌种在冰箱内干燥器中保存。

【实验设备及用品】

(1) 大豆灰斑病鉴定

三角瓶，纱布，喉头喷雾器，保湿塑料袋，标签等。

(2) 小麦条锈菌鉴定

9 cm 花盆，喷雾器，接种针，酒精灯，剪刀，保湿箱，玻璃筒，滑石粉，75%酒精等。

【试剂配制】

(1) 大豆灰斑病鉴定

① 先用高粱培养基扩繁各菌种，在接种前，配孢子悬浮液。将已长满孢子的高粱培养基，用无菌水洗下孢子。镜检孢子浓度为 30 个孢子/(10×10)(低倍镜下)。接种时，将孢子悬浮液放到喉头喷雾器中，喷悬浮液，用量约 3 mL，每个鉴定寄主喷一盆(共喷 6 盆)，然后按种苗号码、接种日期、组号写好标签，将几个大豆灰斑病菌菌株按上法依次接种，再把接过种的豆苗放在温室内，扣上保湿的塑料袋保湿 24 h，之后取下保湿塑料袋，正常管理。15 d 后调查各寄主上的症状

表现，确定这些菌株各属于几号小种。

表 36-1　生理小种在寄主上的反应

寄主＼小种	1号	2号	3号	4号	5号	6号	7号	8号
九农 1 号	R	R	R	S	S	R	R	R
双跃 4 号	R	S	S	R	S	R	R	R
合交 69-231	R	S	S	S	S	R	S	S
Ogden	S	R	S	S	S	S	S	S
合丰 22	S	S	S	S	S	S	S	S
钢 5151	R	R	R	R	R	S	R	S

注：R：抗病；S：感病

② 病斑分级标准：

0 级—无病斑；

1 级—小型褐色斑，直径 1 mm 以下，不产孢；

2 级—病斑直径 2 mm 以下，边缘褐色，中央灰白色，可产生少量孢子；

3 级—直径 2 mm 以上的中型斑，边缘褐色，中央有较大部分灰白色坏死部分，产生多量孢子；

4 级—直径 3～6 mm 的比较不规则型病斑，灰绿色，边缘不明显，有时病斑连片，叶片枯死较快，产生大量孢子。

(2) 小麦条锈菌鉴定

① 繁殖菌种。

② 种植鉴定寄主，每盆种 4 个品种，每品种留 5 株，相互隔开，并插上标签。待第一片叶展平后进行接种。

③ 接种：使用涂抹法，先将各鉴别品种麦苗放在保湿箱内，喷上清水，随即将一盆接有待测菌种的充分产孢的铭贤 169 上的孢子均匀抖落在鉴别寄主麦苗上然后在麦苗上扫抹一遍。然后用喷雾器喷雾，使飞散的孢子降落。麦苗在 14℃左右保湿 24～26 h，取出移入温室。另外，撒粉法也是常用的方法，把待测菌株与适量滑石粉(1∶20)混匀，装入指形管中，管口蒙上 1～2 层纱布，将麦苗喷雾后，随即用接种针轻敲指形管，使孢子与滑石粉一起均匀落到麦苗叶片上，保湿时间与涂抹法相同，在温室培养时，$T=10\sim16$℃；$t\geqslant12$ h。

④ 记载结果：接种后 14～20 d，当叶片上条锈病反应型稳定后。开始调查记载，记载项目主要有反应型和表现反应型的株数，过度类型可在最相近的一级反应型上方加注“＋”，“＋＋”，“－”，“－－”等表示。整理后与已知小种在鉴别寄主上的反应型比较，以确定小种种类。

⑤ 小麦品种抗锈性反应型分级标准(表 36-2)。

表 36-2 小麦品种抗条锈性反应型分级

反应型	记载符号	反应分级
免疫	0	不产生夏孢子堆/叶色正常,完全无症状
近免疫	0	不产生夏孢子堆,但产生枯死斑点和失绿反应
高抗	1	夏孢子堆很小、很少,常不破裂,周围有枯死反应
中抗	2	夏孢子堆小到中等,周围有枯死或失绿反应
中感	3	夏孢子堆中等大小,周围组织无枯死反应,但有轻微失绿现象
高感	4	夏孢子堆大而多,周围组织无枯死反应,中期或条件不适宜时可能失绿

作业及思考题

(1) 进行大豆灰斑病菌的生理小种鉴定,各组相互比较,结果有何差异?

(2) 分析整理小麦条锈菌生理小种鉴定的结果。

(3) 现行小种鉴定方法存在哪些问题,提出自己的想法。

(4) 鉴定生理小种在流行学研究、育种和品种利用上有何意义?

(5) 为什么鉴定生理小种需要一套鉴定寄主?

实验37　温度对植物病害流行的影响

【实验目的】

掌握人工气候箱的使用及维护;熟练掌握用定量分析法研究温度与病害发生的关系。

【实验原理】

温度是影响植物病害流行的主要因素,它不但可以影响病原物的繁殖速度,同时也影响着寄主植物的抗病性。

【实验材料】

① 大豆灰斑病菌。

② 大豆品种：合丰25。

【实验设备及用品】

营养钵,手持喷雾器,保湿袋等。

【实验步骤】

(1) 苗的培育

将大豆品种用培养钵育苗,进行常规管理,待苗长到第二片真叶展开时备用。

(2) 接种和调查

先用高粱培养基扩繁大豆灰斑病菌,将已长满孢子的高粱培养基,用无菌水洗下孢子,镜检孢子浓度,将孢子悬浮液分别配成浓度均为30个孢子/(10×10)(低倍镜下)。将孢子悬浮液放到喉头喷雾器中进行喷雾接种。实验在人工气候箱控制的条件下,设接种温度为15℃、22℃、25℃、28℃四个处理,每个温度处理12株,设不接种对照;把接过种的豆苗放在的人工气候箱中用塑料袋保湿24 h;之后,取下保湿塑料袋,正常管理。15 d后调查植株的症状表现。

作业及思考题

调查记录实验结果，并根据不同温度下的发病程度绘制曲线图。

实验38　大豆感染灰斑病菌后防御酶活性测定

【实验目的】

掌握苯丙氨酸解氨酶、过氧化物酶、多酚氧化酶粗酶提取液的制备和酶活测定方法，了解大豆感染灰斑病菌后几种酶活性变化规律。

【实验原理】

苯丙氨酸解氨酶(phenylalanine ammonia lyase，简称 PALase)催化苯丙氨酸的脱氨反应，使 NH_3 释放形成反式肉桂酸，在 290 nm 处吸光度的变化可以测定该酶的活性。

在过氧化物酶(peroxidase)催化下，H_2O_2 将愈创木酚氧化成棕褐色产物，此产物在 470 nm 处有最大吸收峰，故可通过测 470 nm 下的吸光值变化测定过氧化物酶的活性。过氧化物酶活性以每毫克蛋白质每分钟内的活性单位来表示。

多酚氧化酶在有氧条件下，可以将酚氧化成醌，醌在 525 nm 波长下有较强的吸光值，通过测 525 nm 下的吸光值变化可测得多酚氧化酶的活性。

【实验材料】

① 植物材料：大豆抗灰斑病品种垦丰 16 和感病品种绥农 10。

② 大豆灰斑病菌。

【实验设备及用品】

分光光度计，离心机，匀浆机，试管，吸量管，石英砂，研钵，纱布，喉头喷雾器等。

【试剂配制】

① 10 mmol·L^{-1}磷酸缓冲液(pH 6.5)。

② 50 mmol·L^{-1}硼酸缓冲液(pH 8.8)。

③ 硫基乙醇。

④ 聚乙烯吡咯烷酮(PVP)。

⑤ 30%过氧化氢。

⑥ 愈创木酚。

⑦ 苯丙氨酸。

【实验步骤】

1. 接种处理

先用高粱培养基扩繁大豆灰斑病菌，在接种前，配孢子悬浮液，将已长满孢子的高粱培养基，用无菌水洗下孢子，镜检孢子浓度，将孢子悬浮液配成浓度为 30 个孢子/(10×10)(低倍镜下)。将孢子悬浮液放到喉头喷雾器中进行喷雾接种抗感大豆品种。

2. 取样

分别于接种大豆抗感品种后 0 d、1 d、3 d、5 d、7 d 取样，取样后放入－80℃保存备用。

3. 粗提液的提取

(1) 过氧化物酶(POD)粗提液的提取

取各处理叶片各0.5～1 g,用10 mmoL/L磷酸缓冲液(pH 6.5,内含0.5%PVP;15 mmoL·L^{-1}巯基乙醇),加入少量石英砂在冰冻的研钵研磨,四层纱布过滤,滤液在离心机上离心(15 000 rpm,20 min),用吸管将上清液分装于小瓶中,并贴好标签放入4℃冰箱中备用,用于POD活性的测定。

(2) 多酚氧化酶(PPO)的粗提液的提取

取各处理叶片各0.5～1 g,放入冰冻研钵中,加入少量石英砂和1∶5(W/V)的10 mmol·L^{-1}磷酸缓冲液(pH 6.5),于冰浴中研磨至匀浆后离心(15 000 rpm,20 min),上清液即为可溶性PPO的粗提液,用吸管将上清液分装于小瓶中,并贴好标签,放入4℃冰箱中备用,用于PPO活性的测定。

(3) 苯丙氨酸解氨酶(PAL)粗提液的提取

取各处理叶片各0.5～1 g,加入1∶5(W/V)的50 mmol·L^{-1}硼酸缓冲液(pH 8.8,内含15 mmol·L^{-1}巯基乙醇和0.5%PVP),加入少量石英砂在冰冻的研钵中研磨,四层纱布过滤,滤液在离心机上离心(10 000 rpm,15 min),用吸管将上清液分装于小瓶中,并贴好标签,放入4℃冰箱中备用,用于PAL活性的测定。

4. 过氧化物酶(POD)、多酚氧化酶(PPO)、苯丙氨酸解氨酶(PAL)活性测定

(1) 计算方法

POD酶活性(ΔO. D. $_{470\,nm}$/(g. fr. w. cm. min)) = ΔO. D. $_{470\,nm}$ $\times N/(W\times t\times n\times d)$

PPO的活性(ΔO. D. $_{398\,nm}$/(g. fr. w. cm. min)) = ΔO. D. $_{398\,nm}$ $\times N/(W\times t\times n\times d)$

PAL活性(ΔO. D$_{290\,nm}$/(g. fr. w. cm. min)) = ΔO. D. $_{290\,nm}$ $\times N/(W\times t\times n\times d\times 0.01)$

对照接种变化率 $=[(A_1-A_0)/A_0]\times 100\%$

其中,N:酶粗提液总体积(mL),W:样品鲜重(g),t:反应时间(min),n:反应液所用酶粗提液的体积(mL),d:比色皿直径(cm)。

(2) 测定方法

① 过氧化物酶活性测定:将10 mmol·L^{-1}磷酸缓冲液50 mL加入烧杯中,然后加入愈创木酚28 μL,于磁力搅拌器加热搅拌,直至愈创木酚溶解,待溶液冷却后加入30% H_2O_2 19 μL,混合均匀备用。

取1 cm比色杯2只,其中1只加入反应混合液3 mL和10 mmol·L^{-1}磷酸缓冲液1 mL,作为对照,另1只中加入反应混合液3 mL和过氧化物酶粗提液1 mL。立即开启秒表记录时间,于分光光度计上测量470 nm下的吸光度值,每隔1 min读数一次。以每分钟吸光度变化值表示酶活大小。每个样品及对照均进行3次重复,取平均值。

② 多酚氧化酶活性测定:在小试管中依次加入50 mmol·L^{-1}磷酸缓冲液3.9 mL,100 mmol·L^{-1}儿茶酚1 mL,在37℃恒温水浴中保温10 min,然后加入0.5 mL酶液,迅速摇匀,倒入比色杯内,于525 nm波长处以时间扫描方式,在1～2 min内测定吸光度变化值。另取一小试管,加前两种溶液,作为对照。以每分钟内A_{525}值变化0.01为1个酶活力单位。各处理每个样品及对照,均进行3次重复,取平均值。

③ 苯丙氨酸解氨酶活性测定:1 mL酶粗提液中加入20 mmol·L^{-1}苯丙氨酸1 mL,2 mL蒸馏水,总体积4 mL,对照不加底物,多加1 mL蒸馏水,反应液置温水浴锅中30℃保温,0.5 h后用紫外分光光度计在290 nm处测定吸光度,以每小时在290 nm处吸收变化0.01所需酶量为1单

位(相当于每 mL 反应混合液形成 1 μg 肉桂酸),各处理每个样品及对照,均进行 3 次重复,取平均值。

作业及思考题

记录几种酶活测定结果,分析大豆对灰斑病菌抗性与几种酶活性的关系。

实验 39　寄主抗病性测定

【实验目的】

通过实验了解同一作物的不同品种对同一病原菌的抗性不同。掌握生理小种鉴定原理和方法，为了解田间病原菌致病性变异规律及植物品种抗病性鉴定奠定基础。

【实验原理】

寄主品种因是否具有抗病基因而分为感病品种和抗病品种，具有不同抗病基因的寄主品种也会因抗病基因不同而产生抗病性的差异。实验通过采用致病菌接种的方法测定寄主植物的抗病性。详见表 39-1。

表 39-1　常用的几种典型的寄主抗病性测定方法

	测　定　方　法
（1）小麦对锈病菌抗病性的测定	在麦苗长出 1～2 片叶时采用喷雾或涂抹锈菌夏孢子的方法进行接种，接种后的麦苗在 16～22℃的温度下保湿 35～48 h，15 d 后参照小麦锈病分级标准调查小麦锈病的发病情况。
（2）黄瓜对枯萎病菌抗病性的测定	用高粱培养基培养瓜类枯萎病菌，将带菌的高粱粒均匀撒施在营养钵中黄瓜苗根部，5 g/钵，浇水 50 mL。接种 7 d 后参照黄瓜枯萎病分级标准调查黄瓜枯萎病的发病情况。
（3）玉米对丝黑穗病菌抗病性的测定	从玉米丝黑穗病株上采集病瘿，播种前 7 d 将病瘿上的菌粉抖落，用 40 目铜筛筛出冬孢子，再将其按 0.1% 比率与细土混合配成菌土。播种时先播下种子，覆盖菌土 100 g，上面再覆细田土，玉米成株期调查玉米发病率。

【实验材料】

① 大豆品种：合丰 25，抗线 11。

② 大豆感疫霉根腐病品种：Sloan。

【实验设备及用品】

镊子，脱脂棉，无菌水，塑料布，喷雾器，酒精灯，手术刀，灭菌培养皿，火柴，记号笔。

【实验步骤】

① 备苗：大豆于接种前 7 d 左右播种，待大豆生长到真叶期时，选择健康一致的 10 株幼苗备用。

② 菌片制备：将大豆疫霉根腐病菌于接种前 7 d 扩繁，用无菌打菌器制成菌碟备用。

③ 接种前处理：每个大豆品种接 10 株，用手术刀在下胚轴处中间挑开大约 0.8 cm 左右的缺口。

④ 接种：将制备好的菌片放到缺口的中间。

⑤ 保湿：用脱脂棉蘸取灭菌水包裹接种处，并用喷雾器向植株上喷水后盖上塑料布保湿 48 h，去掉塑料薄膜，72 h 后调查发病率。

⑥ 调查：死苗率>70%记为感病(S)，死苗率<30%记为抗病(R)，死苗率介于30%～70%之间记为中间类型(I)。

作业及思考题

(1) 记录并分析实验结果。

(2) 分组讨论并记录影响实验的因素有哪些，如何克服。

实验40　种子带菌检验方法

【实验目的】

了解种子带菌检验的方法，明确种子携带病菌的情况，学习掌握肉眼检验、洗涤检验、分离培养检验、萌发检验及噬菌体检验等方法，培养种子处理和植物检疫的基本方法。

【实验原理】

种子是农业生产最重要的生产资料之一，种子是否健康直接关系到来年农业生产能否丰产，许多植物的病害和杂草，都可以通过种子传播。故优良种子的必备条件是纯度好、发芽率高、饱满而均匀、不带病害和杂草种子。可见，种子调运时和播种前，认真做好种子检验和种子处理工作，对于杜绝危险性病虫草害的传播和蔓延，减少病害的发生，保障农业生产的丰收，在国际贸易中加强植物检疫，都具有重要意义。

植物病原物与农作物种子之间的结合关系，因病害种类、病原物种类不同而异。

【实验材料】

水稻种子500 g，小麦种子500 g(受黑粉菌污染的小麦种子)。

【实验设备及用品】

放大镜，显微镜，培养基制作材料，分离漏斗，离心机，血球计数板等。

【实验步骤】

(1) 肉眼检验法

主要是指用肉眼和10倍放大镜来观察种子外表有无缺刻，有无病斑，有无变色，来初步判断是否有病，带菌率、黑胚率的高低，所以这种方法主要适用于种子中夹杂的较大病原体、菌(虫)瘿、菌核、杂草种子及种子罹病变色的病害。现采用下列几种植物种子病害进行直接检验，并将结果填于表40-1中，并计算带菌率。

表40-1　种子带菌肉眼检验结果表

作物种类	检验种子数	虫瘿	菌核	杂草籽	罹病秕瘪种子	带菌率(%)	备注

① 稻瘟病：由于稻瘟病发生严重时，可产生谷粒瘟，因此有病谷粒的护颖呈淡灰色，通常颖部有暗灰色或黑褐色病斑，病斑呈纺锤形或不正形，谷粒表面由于病原体的繁殖而成灰白色。如剥去颖壳，米粒亦有不同程度的被害而呈黑色。

② 小麦粒线虫病：虫瘿混于种子之间，形状小而圆，无腹沟，黑褐色，较坚硬，明显不同于正常小麦种子。剖开内部，放入温水中则有白色丝状物逸出，即为休眠二龄线虫幼虫。

肉眼检验的步骤是首先熟悉各种种传病害的为害特点和症状特征，然后把待检种子的原始样品均匀摊开，以四分法获取检验样品(约1000粒种子)；从小样中随机数取200粒种子，平放在玻璃板上，用肉眼或放大镜观察各种病害的粒数，计算其带菌率。

(2) 洗涤检验法

对于种子表面所附带的不易被肉眼看见的病菌孢子，通常可采用洗涤检验方法，一般方法是：将一定量的种子放在小三角瓶中，再加入一定量的水，用力振荡，洗下孢子，变成悬浮液，然后用离心机离心浓缩，取其浓缩的沉淀物加水稀释镜检，并在血球计数板上观察计数，统计折算成孢子带菌率。这种方法除适用于一般的种子外部带菌外，也可以用于检验植物其他繁殖器官、果实表面及包装材料附着的病原体。从洗涤液中可检验出种苗带菌(病)的种类，也可以测定病原体含量(带菌率)，所以，洗涤检验法是种子带菌检验、植物检疫的常用方法，也是在种子检验过程中经肉眼检验后需要再做的第二种操作方法。现以小麦种子(可以人为加入腥黑粉菌的厚垣孢子)为例，学习洗涤检验的基本方法。具体操作如下：

① 随机取小麦种子 100 粒，置于大试管或三角瓶中，注入灭菌水 10 mL，加塞振荡 5 m，将洗涤液倒入离心管中，用离心机在 1500 rpm • min^{-1}下离心 5 min，倒掉上清液，于离心管底部的沉淀物上加入灭菌水精确至 2 mL，再混成悬浮液备用。

② 用滴管吸取一滴充分混匀的悬浮液，滴放于血球计数板的中央，加盖玻片后在低倍镜上依次检查 10 个视野，记录每个视野的孢子数，统计病菌孢子的种类，求出每粒种子的孢子负荷量。根据千粒重，计算出每克小麦种子上的带菌率。

③ 事先用测微尺测出显微镜一定倍数的目镜和物镜组合放大下的视野面积，算出所用盖玻片面积为视野面积的倍数，同时测定所用吸管或滴管的每毫升洗涤液的滴数，求得一个常数(k)，作为推算的基本数值。

$$k=n^2/(\bar{n}R^2\times m)$$

其中 n^2：盖玻片面积，一般为 18 mm×18 mm＝324 mm^2或 400 mm^2；R：视野面积；m：所用滴管或吸管每毫升洗液的滴数。在求出平均视野下厚垣孢子数后，可按照下列公式求平均每克种子上的带菌率：

$$每克种子上孢子数=(k\times A\times L)/W$$

式中 A：平均每个视野下的孢子数；L：计数的孢子悬浮液总毫升数；W：样品种子克数。

血球计数板计数法在显微镜下的检视和操作都基本一样，只是在显微镜下检查四角和中间 5 个中方格(每个中方格 16 个小格)内的平均数，取其平均值。将小方格内的平均孢子数乘上 4 000 000。就是每毫升的孢子数。

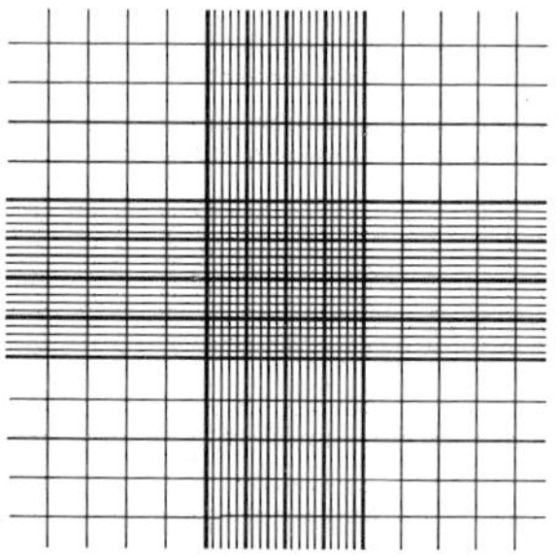

图 40-1　血球计数板

血球计数板是一块特制加厚的载玻片(图 40-1)，是用来专门计数红血球数目的，也可以用来计数孢子数。在计数板的中央有刻有高度精确而纤细的刻线，组成不同大小的方格。中间方格为血球计数室，适合孢子计数，每个大格边长为 1 mm，面积为 1 mm^2，深度为 0.1 mm，所以，每个大格的体积为 0.1 mm^3，每个小格边长为 0.05 mm，面积则为 0.0025 mm^2＝1/400 mm^2，每毫升孢子数量＝每小格平均孢子数×4000×1000＝ 每个小格孢子数×4 000 000，根据这个数目，把 100 粒除以千粒质量，就可以折算为每个种子带菌率的多少了。

(3) 噬菌体检验法

寄生在细菌细胞内的病毒称为噬菌体，噬菌体可以吸附在死亡的细菌表面但不能增值。噬菌体有寄主专化性，一种噬菌体通常只能侵染一种细菌的个别株系或亲缘关系相近的种类。利用噬菌体的这一特性,可以检测寄主细菌有无和数量多少。现以水稻白叶枯病的检测为例。

① 各取 30 g 带病和健康的水稻种子,脱壳,并用剪刀剪碎谷壳。

② 取 6 g 剪碎的谷壳加 20 mL 肉汁胨培养液,置于研钵内研磨浸泡 30 m,用粗滤纸过滤,取滤液以 4000 rpm/min 的速度离心 30 min,使细菌沉降。

③ 用吸管吸去部分上清液,留下沉液 2 mL,用玻棒使沉淀重新悬浮,并倒入装有玻璃球的灭菌小三角瓶中,振荡 5 min,使细菌分散,再加入 0.2 mL s 噬菌体悬浮液(菌种根据实验室保藏定),置 30℃吸附 10 min。

④ 在以上混合液中加 2 mL 抗血清(1∶80),30℃下中和噬菌体 5 min。

⑤ 立即加 16 mL 0.1%蛋白胨液稀释,停止中和反应。

⑥ 取 1 mL 混合液,用双层琼胶平板法测定(重复 3～5 皿),在 28℃中培养 12 h 后计数噬菌斑。

$$\frac{(\text{病种平均每皿噬菌斑数}-\text{无病种平均噬菌斑数})\times 20}{30}=\frac{\text{噬菌体数}}{\text{每克病种}}=\frac{\text{活菌数}}{\text{每克病种}}$$

应当注意,种子上带的病菌和噬菌体的存活率,随着储藏时间的延长而逐渐降低。带病种子上的噬菌体,在刚收获时最多,以后逐渐减少,因此实验时,选取的水稻种子最好是收获 3 个月内的种子。

(4) 漏斗检验法

漏斗检验法主要用来检查水稻种子携带水稻干尖线虫的情况。其具体装置是,将玻璃漏斗(直径 10～15 cm),架在铁架上,下面接一段 10 cm 左右的橡皮管,橡皮管上装一个弹簧夹。把水稻种子样品用纱布包好,放在盛满清水的漏斗中,经过 12～24 h 后,由于趋水性和本身的重量,线虫就离开水稻种子,在水中游动,最后沉降到漏斗底部的橡皮管的夹子处。这时轻打开夹子,放下5 mL 水样,即可见到线虫。如果线虫数量少,也可用离心机在 1500 rpm · $\min^{-1}$ 离心 5 min,再检查有无线虫。

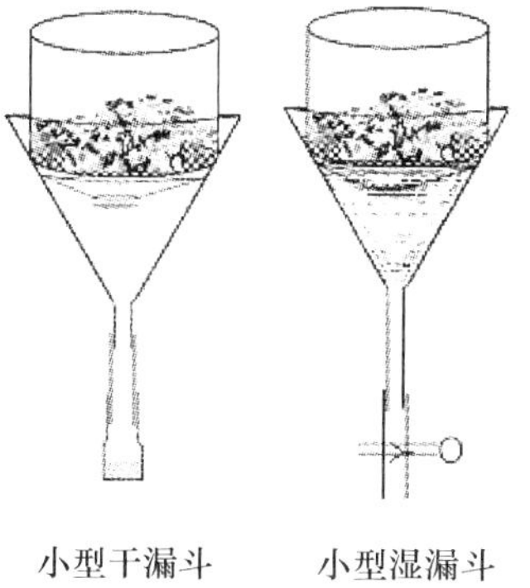

小型干漏斗　　小型湿漏斗

图 40-2　漏斗检验法装置

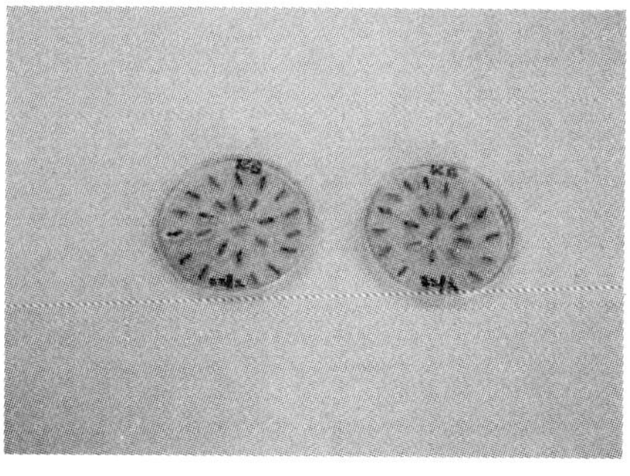

图 40-3　分离培养检验法

(5) 培养分离检验法

有一些病菌并不携带在种子表面,而是在种子内部,因此靠洗涤检验就不能成功,只能用分离培养的方法检验,分离培养方法和一般病原分离方法相同,在有关实验中做了介绍,这里就不再赘述。

此外,还有血清学检验法和分子生物学检验方法等。

作业及思考题

(1) 整理洗涤检验的结果,计算每克种子所带孢子数量。

(2) 在对外植物检疫中一般使用哪些检验手段为宜,为什么?

实验 41　杀菌剂室内毒力测定

【实验目的】

杀菌剂室内毒力测定是杀菌剂抑菌效果的一种检测方法，在实际生产中经常用到。通过杀菌剂常规的三种离体实验方法（萌发法，生长速率法，抑菌圈法），测定不同杀菌剂对目标病原菌的毒力大小，并最终筛选对病原菌最有效的杀菌剂。

【实验原理】

不同机理的杀菌剂对同一病原菌的作用方式和杀菌、抑菌效果是不同的，有些杀菌剂只对菌丝有抑制作用，而对分生孢子、子囊壳不起作用，有些杀菌剂同时都起作用；但是，有些杀菌剂只是在活的植物体上才起作用，室内测定是无效的。因此杀菌剂室内毒力测定是大多数杀菌剂评价的一个重要指标，同时该方法也是测定杀菌剂抑菌机理的重要方法和手段。

一、萌发法

孢子（囊）萌发法是杀菌剂毒力测定常用的方法。这种方法是通过不同药剂或同一药剂不同浓度对菌物孢子萌发或其他病原物个体的抑制情况来比较药效的。此法更适用于对能产生孢子的菌物的毒力测定。

【实验材料】

马铃薯早疫病菌、水稻稻瘟病菌。

【实验设备及用品】

显微镜，镜检用具，喷雾器，保湿箱，生长箱，直径 20 cm 培养皿，灭菌滤纸条，灭菌吸管，直径 9 cm 培养皿，直径 1 cm 灭菌纸碟，钢圈，萌发载玻片 6 片，镊子 4 支，孢子计数器 1 个，小烧杯 4 个，移液枪（1 mL）4 支。

【试剂配制】

供试药剂：98% 瑞毒霉，99% 烯酰吗啉，100% 氟啶胺，100% 韩乐威，100% 霜脲氰。

【实验步骤】

① 凹玻片是专为孢子萌发实验用的一种载玻片，必须先用肥皂洗净，再用洗涤液洗涤干净。普通载玻片也可以涂上硝酸纤维素，以改变液滴在其上的表面张力。另外，用微型烧杯或 2 mL 的细胞培养板也可作为萌发器皿。

② 孢子悬浮液的制备：于纯培养的试管中或平皿中注入灭菌蒸馏水约 5 mL，再用接种针或接种环轻轻刮下斜面上的孢子，并使其充分分散，制成孢子悬浮液。用显微镜检查孢子密度，以在 10×10 倍的视野中有 80～100 个孢子为宜，尤其是不要过于密集，太密的难于检查计算。（注意：在与药剂混合后的每个液滴中的孢子密度不能相差太大，否则会影响准确度。）

③ 每种供试药剂的浓度配成母液于小烧杯中。以孢子悬浮液作为稀释液，将母液稀释到要求的浓度。摇匀后用吸管取一滴置于萌发玻片的凹穴中，每一浓度重复 3～4 片。然后放在大培养皿或有盖的瓷盆中，25℃恒温保湿培养。

④ 经 8～12 h 后检查孢子萌发情况。培养时间不宜太长，不然萌发的孢子芽管过长会影响观察计数。一般萌发芽管有菌体孢子长度的 1 倍为宜。如果时间来不及检查，应加入 1∶200 的 $HgCl_2$ 溶液一滴于萌发玻片的培养液中用于固定。

【结果与分析】

(1) 结果整理

按实验记录项目检查结果。各处理检查孢子总数要大于 100 个左右，对照组孢子总数更应多一些，200～300 个。

孢子萌发率＝(萌发孢子数/检查孢子总数)×100%

注：如果空白对照组孢子有 20%以上不萌发，该批供试病菌不宜采用。空白对照组孢子有 5%～20%不萌发时，各处理的孢子萌发率应根据对照组的自然死亡情况加以更正，使其能更准确表达各种处理的效果。

校正萌发率＝(处理组的萌发率/对照组的萌发率)×100%

表 41-1　实验结果记录

处理	浓度 $c/(\mathrm{mg \cdot mL^{-1}})$	检查孢子数	萌发孢子数	萌发率/(%)	校正萌发率/(%)

(2) 统计分析

将实验结果统计项目列于表 41-2 中。

① 抑制率 Y＝[(对照组的萌发率－处理组的萌发率)/对照组的萌发率]×100%

② 计算每个处理的 R 值。

$$R^2 = \left[\sum(x-\overline{x})(Y-\overline{Y})\right]^2 \Big/ \left[\sum(x-\overline{x})^2(Y-\overline{Y})^2\right]$$

R 越接近 1.0，相关性越高，可信度越强。

③ 求各处理 $\dot{Y}=a+bx$。

④ $b = \left[(x-\overline{x})(Y-\overline{Y})\Big/\sum(x-\overline{x})^2\right] \times a = \overline{Y} - b\overline{x}$

⑤ 用 $\dot{Y}=a+bx$ 求出各处理的 m 值(当 $\dot{Y}=0.5$ 时，所求 x 即为 m 值，$m=\lg \mathrm{EC50}$)，从而准确计算出各供试药剂的 EC50(半致死浓度).

⑥ 用 $\dot{Y}=a+bx$ 绘毒力曲线图。

表 41-2　实验结果进行统计

浓度 c	$\lambda=50\times c$	$X=\lg\lambda$	$(x-\overline{x})^2$	抑制率 $Y/(\%)$
$Y-\overline{Y}$	$(Y-\overline{Y})^2$	机率值 $\dot{Y}$(查表)	$(x-\overline{x})(Y-\overline{Y})$	$Y-\dot{Y}$

二、生长速率法

生长速率法是杀菌剂毒力测定的常规方法之一，适用于不长孢子而菌丝生长较快的菌物，该法通过菌落生长速度的快慢来衡量药剂的毒力大小。菌落生长速率有两种表示方法：① 菌落达到一个给定的大小所需要的时间（天或小时）；② 在单位时间内菌落直径的大小。

【实验材料】

供试菌：培养好的水稻纹枯病菌。实验前两天把菌核或菌丝块接种于 PDA 培养基平面中央，培养 48 h 菌丝刚刚长满整个培养皿，正合适实验用。

【实验设备及用品】

恒温培养箱 1 个，移菌环 1 支，消毒培养皿 20 对，灭菌吸管（1 mL）3 支，灭菌操作用具 1 套，灭菌小烧杯 8 个。

【试剂配制】

① 供试药剂：（母液浓度）甲基拖布津（$mg \cdot L^{-1}$）25、50、100、400；多菌灵（$mg \cdot L^{-1}$）25、50、100、400；禾穗宁（$mg \cdot L^{-1}$）5、10、50、100；田安（$mg \cdot L^{-1}$）500、1250、2500、5000。

② 定量培养基的准备：按配制 1000 mL 琼脂培养基的比例称取马铃薯、葡萄糖、水的量，煮成马铃薯加葡萄糖汤，待冷却后，每个三角瓶准确注入 49 mL 培养液；然后按常用琼脂培养基的比例计算并称取 49 mL 培养液所需要的琼脂量，逐个加入盛有营养汤的三角瓶中，经高压灭菌备用。

【实验步骤】

（1）含毒介质培养法

这个实验方法是把供试的化合物混在菌类生长的介质中，即用含有供试药物的培养基培养菌类。为此就必须事先准备好定量的培养基，以一定量的培养基来准确地确定培养介质中所含供试药剂的浓度。

操作步骤如下：

① 用消毒烧杯盛取各种不同的药液，并做好药剂名称、浓度的标记。

② 加热融化定量培养基，冷却至 50～55℃时加入供试药剂（控制在 1 mL 内，与药剂母液浓度有关），充分摇匀后迅速倒入 4 个培养皿中，此时供试浓度正好是母液浓度的 1/50，待凝固后，标记各皿药剂名称及浓度。对照组的培养基加 1 mL 无菌水。

③ 用打孔器在培养好的水稻纹枯病菌上打菌碟，以中点为圆心（最好均在菌落边缘选取，菌落边缘生活力强也比较一致），移植菌碟于各个凝固培养基的培养皿中央，然后置于恒温培养箱内培养，48 h 后测量结果。

（2）营养介质测定法

此法与含毒介质培养法不同，供试菌不是在含药的培养基中生长。因此不需要定量培养基。供试菌分别在各种不同浓度的药液中浸渍一定时间后（用无菌水冲洗）移种在普通的 PDA 培养基平板上。可以相同浸渍时间，比较不同药剂，不同浓度对菌生长的抑制程度；也可比较单一药剂不同时间或多种药剂在相同浓度下，药剂使用时间长短与菌生长受抑制程度的关系。

操作步骤如下：

① 用消毒小烧杯盛取各种不同浓度的药液，并做好药剂名称和浓度的标记。

② 加热融化培养基，稍冷却至45℃左右，倒入灭菌培养皿中，冷凝待用。

③ 用打孔器在培养好的水稻纹枯病菌上打菌碟，以中点为圆心(最好均在菌落边缘选取，菌落边缘生活力强也比较一致)，将菌碟在①项不同药液的小烧杯中分别投入三片，定时浸渍5 min后取出，放在无菌载玻片上并用无菌水冲洗3遍，然后移入②项已凝固的培养基平面中央，每皿移1片，每浓度重复三皿。最后放入恒温培养箱内培养，48 h后测量结果。

【结果与分析】

培养36 h或48 h后，检查各处理的菌落生长情况，度量菌落大小，以菌落直径长度(mm/36 h或mm/48 h)表示，并计算抑制百分率，结果统计于表41-3中。

抑制率=[(对照组菌落直径－处理组菌落直径)/对照组菌落直径]×100%

表41-3 实验结果记录

处理	浓度 $c/(\mathrm{mg\cdot L^{-1}})$	$\lg c$	36 h或48 h菌落直径/mm	抑制率 $Y/(\%)$	机率值 $\dot{Y}$(查表)

实验结果整理和统计同孢子萌发法。

三、抑菌圈法

抑菌圈法最先用于研究抗菌素对细菌的作用，对研究杀细菌剂具有特殊的意义。后来也常用于测定其他杀菌剂对只长孢子不长菌丝或极少菌丝的病原菌的毒力。

【实验材料】

【实验设备及用品】

消毒培养基9瓶，消毒小烧杯16个，无菌水1瓶，消毒吸液管(1 mL)5支，消毒培养皿15对，消毒滤纸片(直径0.6 cm)1包，无菌操作用具1套。

【试剂配制】

① 供试药剂：用于白叶枯病菌测定的枯净($\mathrm{mg\cdot L^{-1}}$)100、200、400、800，代森锌($\mathrm{mg\cdot L^{-1}}$)80、200、400、800，抗菌素402($\mathrm{mg\cdot L^{-1}}$)50、200、400、800，用于番茄炭疽病菌测定的多菌灵($\mathrm{mg\cdot L^{-1}}$)5、40、100、200，扑海因($\mathrm{mg\cdot L^{-1}}$)10、80、200、500，代森锌($\mathrm{mg\cdot L^{-1}}$)20、50、150、400。采用细菌进行实验时，对不同菌应用不同培养基。

② 水稻白叶枯病菌的培养基：葡萄糖4%，马铃薯20%，琼脂1.7%，水1000 mL，培养基在消毒前pH调节至7.2～7.4。

【实验步骤】

① 于每支纯培养的试管中注入约5 mL无菌水(无菌操作)，用灭菌的接种针把斜面上的病菌轻轻刮脱，配成孢子悬浮液。

② 将三角瓶培养基融化，待冷却到45℃左右，在无菌操作条件下加入孢子悬浮液，摇匀后迅速倒入培养基中，每皿约15 mL培养基，待冷凝固。

③ 取消毒烧杯，先标记药剂名称及浓度，接着按标记分别盛取药液，然后用灭菌镊子夹取消

毒滤纸片(滤纸片要选用完整无缺和不重叠的)投入各种药液中 1 h。然后把这些沾有药的滤纸片按不同浓度排列于已凝固了的培养基上，并在培养皿底面加标记。

镊取滤纸片时，滤纸片应先在烧杯壁上停留片刻(各片停留时间应一致)，让多余的药液流去。也有用内径 2 mm，长 8～10 mm 的小玻管或不锈钢小管插入培养基中，然后往管内滴入定量的药液(即所谓小杯法)。注意：管在培养基中的深度要尽量一致。将处理好的培养皿置于 28℃ 恒温培养箱内培养，1～2 d 后量抑制圈的大小。

【结果与分析】

(1) 结果整理

检查结果列表 41-4 中。

表 41-4　实验结果记录

处理	浓度 $c/(\mathrm{mg \cdot L^{-1}})$	$\lg c$	抑菌圈直径/mm			抑菌圈直径平方/$\mathrm{mm^2}$
			1	2	3	

(2) 统计分析

将实验结果统计项目列于表 41-5 中。

表 41-5　实验结果进行统计

处理 1

浓度 c	$\lambda=50\times c$	$x=\lg\lambda$	Y_1	$(Y_1-\overline{Y})_2$	$\ddot{Y}_1$

处理 2

浓度 c	$\lambda=50\times c$	$x=\lg\lambda$	Y_2	$(Y_2-\overline{Y})_2$	$\ddot{Y}_2$

① $\ddot{Y}_1=a_1+b_1x$，$\ddot{Y}_2=a_2+b_2x$(处理 1 和处理 2 代表选取不同的药剂处理)。

② 用$\ddot{Y}$进行比较分析，求相对毒力。

作业及思考题

(1) 按实验要求完成操作，分析结果，计算出相对毒力。

(2) 杀菌剂室内毒力测定各方法有什么特点？各方法适用供试菌株的性质有什么不同？

(3) 请你设计出水稻稻瘟病菌的杀菌剂筛选的实验方案及步骤。

实验 42 扫描电子显微镜在植物病原鉴定中的应用

【实验目的】

电子显微镜较高的放大倍数和相应发展起来的细胞化学技术，使电子显微镜成为生物科学研究中的强有力工具，对病原微生物的观察和鉴定尤为重要。通过实验，了解电子显微镜观察菌物超微结构的研究技术和方法，掌握简单样品制备方法，比较电镜照片和光学照片的差异。

【实验原理】

电子显微镜主要是通过电子枪产生的电子束代替光束放大和观察标本。扫描电镜（scanning electron microscope，SEM）的作用原理是电子束扫描样本，将得到的电信号放大后用显像管显像而形成图像。

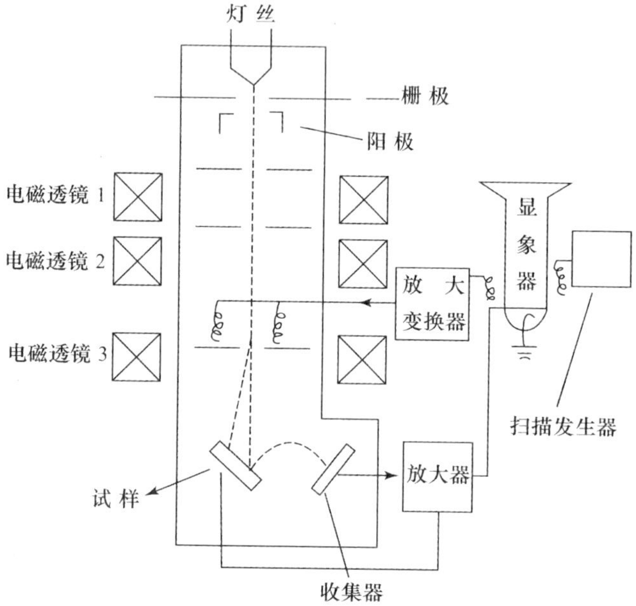

图 42-1 扫描电子显微镜原理示意图

电子束是由电子枪产生的，经过 3 个磁透镜的作用，形成一个很细的电子束，称为电子探针。电子探针的直径一般只有 5～10 nm，在第三个磁透镜上加一个偏转线圈，能够使电子束在样本表面移动，当探针的一次电子打在样本表面上，可以将样本表面原子的外层二次电子打落。二次电子产生的数量与样本的材料性质和样本表面的性状（凹凸或高低等）有关。因此通过偏转线圈的作用，使探针一点挨着一点在样品表面移动，就可以逐点产生代表样本面貌和性质的信号，这就是扫描。在样品旁边有一个由闪烁管和光电倍增管组成的探头，如果探针在样品上移动和显像管荧光屏上光点的移动是同步的，在荧光屏上就扫描出一幅反映样本表面形貌的图像，样品台可以在 3 个垂直方向旋转 360°，还可以使样品与探针方向形成 45°的角，所以可以扫描和观察样品的各个部位，扫描电镜的放大倍数可以是 20～100 000 倍，分辨率达到纳米级。因此许多光学显微镜不能看清楚的超微结构都可以观察清楚，为植物病原菌物孢子表面纹饰、细菌鞭毛、病毒粒子等观察提供了有力的工具。如过去菌物孢子表面的各种纹饰在观察中看不清，通称为微刺，但在扫描电镜下可以区分为不同的纹饰结构，为病原菌的进一步分类提供了依据（图 42-2）。

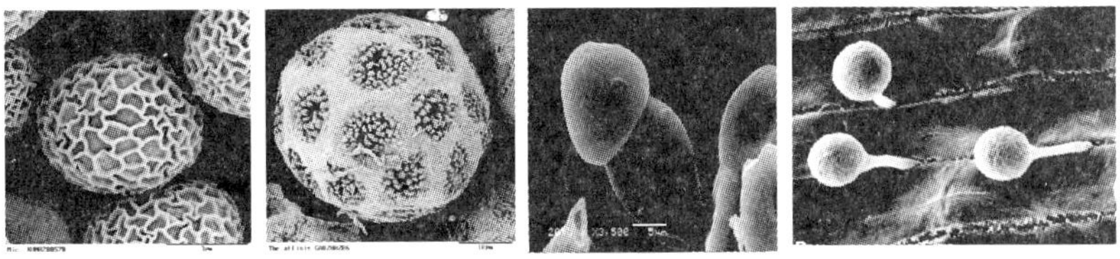

(1)　(2)　(3)　(4)

图 42-2　不同菌物的孢子扫描形态

(1) 蓼黑穗(*Microbytryum sp.*)(王生荣 摄)；(2) 黄芪黑穗(*Thecaphora affinis*)(王生荣 摄)；(3) 蒲公英锈病菌(*Puccinia sp.*)(王生荣 摄)；(4) 大豆疫病菌(*Phytophthora sojae*)

扫描电子显微镜观察可以分为预处理和直接处理两种，一些厚壁的结构，如闭囊壳、黑粉孢子等可以直接处理观察；而对于分生孢子、担孢子、菌丝等则要经过预处理，否则表面形态会受到收缩影响，影响观察效果，照片也不够十分美观。

【实验材料】

① 小麦腥黑穗病(*Tilletia caries*)或玉米丝黑穗(*Sporisorium reilianum*)或甘蔗鞭黑穗(*Ustilago scitaminea*)。根据地域，选用当地常见黑粉病标本一种。

② 小麦条锈病(*Puccinia striiformis*)或杆锈(*Puccinia graminis*)或叶锈(*P. recondita*)蜡叶标本。

③ 杨树白粉病(*Phyllactinia populi*)有闭囊壳的叶片标本。

【实验设备及用品】

日立 4500 型扫描电子显微镜(本实验采用预先干燥的病原菌直接进行观察)，剪刀，镊子，拨针，酒精灯，双面透明胶带，记号笔，样品台。

【实验步骤】

① 粘样(挑取孢子法)：首先将透明双面胶带剪成 3 mm×5 mm 大小的小块，用镊子小心粘贴在样品台上，然后直接挑取黑粉病或锈病孢子少许，均匀散布在胶带上。要适当散多一些，如果太少，一方面在电子显微镜下寻找较为困难，另一方面孢子就会陷入在胶带表面的胶中，看不到完整形态；如果太多，则连接成块，也影响观察，所以要散落到便于观察为宜。这时要在胶带旁边标上编号，并在笔记本上记上编号所代表的标样，否则有可能搞错。特别是在进行分类研究时，几个标样没有很大差别时更是如此。如几种黑粉病标本，如果形成张冠李戴，就不会准确鉴定。一般为了节省成本，在一个样品台上可以放上 6～7 个标样，均匀围成一圈，按顺序做好记载。

② 喷金：也叫镀膜，就是将样品粘贴好后，直接连同样品台一起，放进真空喷金仪中进行喷金处理。如果标本没有干燥或有叶片组织中含有水分，则不宜抽为真空，影响喷金效果。如果喷金不好，就会使样品的反差、亮度不均匀，扫描出来的形态就会不真实，影响鉴定。

③ 上镜观察：在专门电镜技术人员的操作下，在显示屏上观察。首先在较低分辨率下观察，

待找到病原菌的孢子时，再进一步在高分辨率下观察。当找到比较好的孢子时进行拍照保存，一般情况下，要把整体孢子特征和单个孢子形态都要拍照保存，且要多拍一些备份。（一般要在专业人员指导下进行，因为电镜操作人员可能是学工业的，也可能是学生物的，但不一定是搞菌物分类的，不知道你要看的特征，也不能够准确把握菌物分类的依据，他会不断地问你，是这个吗？这样行吗？如果你都不了解要拍的菌是什么样，很可能就不能用，就造成时间、财力的浪费！）。

作业及思考题

（1）将电镜观察的数码照片用优盘考回，在电脑上各选取一个打印，并描述其超微特征，比较与一般描述的异同。

（2）电镜扫描在哪些病原物分类鉴定上比较好。

附　扫描电镜样品的常规制备技术

植物病原菌物的样品可以是田间采集的具有病征的标本，也可以是在实验室分离得到的培养物。

（1）固定(fixation)：固定是指用化学固定剂迅速杀死样品的细胞，使细胞中的各种细胞器以及大分子保持生活状态的结构，并且能牢固保持在原来位置上。广泛使用的方法是戊二酸-锇酸双重固定法。先将切好的样品于4℃下在4%～6%的戊二酸（磷酸缓冲液，pH 6.8，0.025 mol·L^{-1}）中置放3～6 h，随后，将样品用缓冲液冲洗4～6次，每次间隔15～20 min，最后用1%～2%锇酸将样品在4℃下固定1～2 h，并用缓冲液冲洗4次。

（2）脱水(dehydration)：常用脱水剂为乙醇或丙酮，脱水一般在4℃下由低浓度逐级向高浓度进行，以免引起细胞收缩。从20%—30%—50%—70%—80%—90%—95%—无水乙醇（丙酮）2～3次，每步20～30 min，最后保存在70%乙醇中，4℃下过夜。

（3）干燥(drying)：干燥的目的是除去样品中的游离水，以利于镀膜处理。干燥的方法有自然干燥和临界点干燥。

临界点干燥处理包括两次置换和临界状态下干燥三个步骤：第一次置换是用醋酸异戊二酯，置换样品中的脱水剂；第二次是在临界点干燥仪内进行，用干燥剂如二氧化碳、干冰、氟里昂等来置换转换剂。通过加热，不断将气化的干燥剂排除，而使样品干燥。

（4）粘样(mounting)：粘样是指用具有导电性的双面胶带把干燥后的样品粘贴在样品台上，这样即保证样品在样品台上不会移动或掉落，又可以增强样品与样品之间的导电性。粘贴时，应注意使被观察的部位向上，同时要在一个样品台上粘贴上多个标样，且要做好记录。

（5）镀膜(conductive coating)：镀膜是指在样品的表面喷镀上一层金属膜，一般称为喷金。样品镀膜后易产生大量二次电子，使图像反差、亮度、分辨率和清晰度都得到改善。同时防止电子束对样品的损伤。镀膜必须薄而均匀，本身无结构，不会改变样品表面的细微结构。镀膜完成后方可进行扫描电子显微镜观察。

低温扫描电镜观察更适合于一般菌物结构的观察。但这一装置昂贵，操作技术要求高。

实验 43　RAPD 技术在植物病原学研究中的应用

【实验目的】

掌握 PCR 链式反应的原理；掌握移液枪和 PCR 仪的基本操作技术。

【实验原理】

PCR 技术，即聚合酶链反应（polymerase chain reaction，PCR）是由美国 PE Cetus 公司的 Kary Mullis 在 1983 年（1993 年获诺贝尔化学奖）建立的。这项技术可在试管内经数小时反应就将特定的 DNA 片段扩增数百万倍，这种迅速获取大量单一核酸片段的技术在分子生物学研究中具有举足轻重的意义，极大地推动了生命科学的研究进展。它不仅是 DNA 分析最常用的技术，而且在 DNA 重组与表达、基因结构分析和功能检测中具有重要的应用价值。

PCR 可以被认为是与发生在细胞内的 DNA 复制过程相似的技术，其结果都是以原来的 DNA 为模板产生新的互补 DNA 片段。细胞中 DNA 的复制是一个非常复杂的过程。参与复制的有多种因素。PCR 是在试管里进行的 DNA 复制反应，基本原理与细胞内 DNA 复制相似，但反应体系相对较简单。

PCR 由变性—退火—延伸三个基本反应步骤构成。

① 模板 DNA 的变性：模板 DNA 经加热至 94℃ 左右一定时间后，使模板 DNA 双链或经 PCR 扩增形成的双链 DNA 解离，使之成为单链，以便它与引物结合，为下轮反应做准备；

② 模板 DNA 与引物的退火（复性）：模板 DNA 经加热变性形成单链后，温度降至 55℃ 左右，引物与模板 DNA 单链的互补序列配对结合；

③ 引物的延伸：DNA 模板—引物结合物在 Taq 酶的作用下，以 dNTP 为反应原料，靶序列为模板，按碱基配对与半保留复制原理，合成一条新的与模板 DNA 链互补的半保留复制链。

重复循环变性—退火—延伸三过程，就可获得更多的“半保留复制链”，而且这种新链又可成为下次循环的模板。每完成一个循环需 2～4 min，2～3 h 就能将待扩目的基因扩增放大几百万倍。

PCR 是一个基本方法，在此基础上拓展出很多新方法，如反转录 PCR（RT-PCR，reverse transcription-polymerase chain reaction）、定量 PCR（QRT-PCR）、实时荧光定量 PCR（real-time PCR）等。其中比较常用的是 RT-PCR，它是指对组织或细胞的总 RNA 进行抽提，把 RNA 反转录为 cDNA，然后设计目的基因引物进行 PCR，琼脂糖电泳并数码拍照，分析电泳条带灰度值，判断目的基因 mRNA 转录水平的相对量的变化。

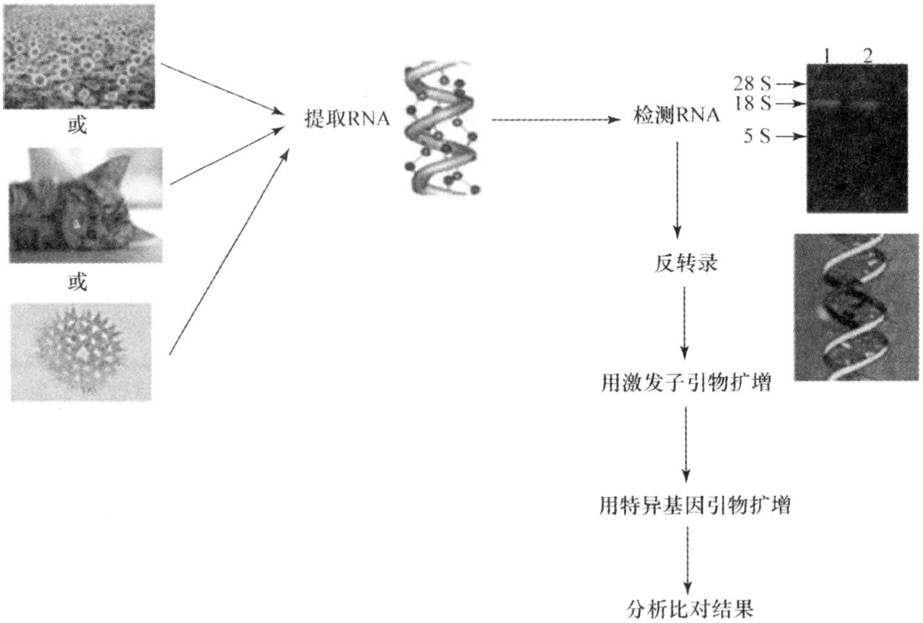

图 43-1 RT-PCR 流程简介

PCR 技术在植物病理学中的应用很广。首先，用在各种病原菌的分类、进化及亲缘关系研究上，可以进行病原进化的保守性分析及物种多态性分析、种类鉴定；其次，用于改良品种特性，提高抗病性的转基因工程研究；再次，应用 PCR 技术可以非常迅速、准确的在进出境植物检疫中诊断有无危险性检疫对象等。

【实验材料】

植物病原菌物标样一种(根据当地实际确定)，矿物油。

【实验设备及用品】

PCR 反应管，微量移液器，离心机，PCR 仪，电泳仪，凝胶成像仪等。

【试剂配制】

① 根据需扩增的 DNA 设计相应的引物，TagDNA 聚合酶，10×PCR 缓冲液(随酶一起购买)，5 mmol/L dNTP 储备液(商品化产品)，蛋白酶 K，RAPD 扩增缓冲液。

② CFAB 缓冲液，KAC，TE 缓冲液，苯酚，氯仿，无水乙醇，NaAc 溶液，双蒸水。

③ 琼脂糖，TAE 缓冲液，EB。

【实验步骤】

以小麦白粉菌为例。

(1) 提取 DNA

提取小麦白粉菌基因组间 DNA 具体步骤如下。

① 在盛有小麦白粉菌分生孢子的离心管中加入适量的石英砂，用细绳掉入液氮罐中冷冻 3～5 min，用有圆尖的玻璃棒在离心管中研磨破碎孢子。

② 加入 200 μL 65℃预热的 CTAB 缓冲液，并放入 5～8 颗直径 3～5 mm 的玻璃珠（在电子天平上称量，以保证离心管在离心时的平衡），在涡旋仪上以最大速度振荡离心管，在显微镜下观察至少有一半孢子破裂时为止。

③ 补加 300 μL CTAB 缓冲液和 10 μL 蛋白酶 K，65℃温育 1.5 h。

④ 加入 300 μL 预冷的 5 mol・L^{-1} KAC（pH 6.5），振荡，冰浴 1 h。4℃，14000 rpm 离心 30 min，上清液移入干净的离心管中，加入异丙醇 500 μL，轻轻倒转管子以混匀（此时会出现 DNA 沉淀），−20℃孵育至少 10 min。

⑤ 4℃，13000 rpm 离心 20 min，去上清，晾干离心管底部沉淀。

⑥ 将 DNA 溶于 700 μL TE 缓冲液（10 mm Tris，pH＝8.0，1 mm EDTA），加入 3 μL RNase，37℃温育 30 min。

⑦ 加入等体积的苯酚：氯仿，轻轻摇匀，12000 rpm 离心 5 min，取上清液（可重复 1 次）。

⑧ 加入氯仿：异戊醇（24：1），轻轻摇匀，12000 rpm 离心 5 min，取上清液。

⑨ 上清液中加入等体积预冷的无水乙醇，1/10 体积的 NaAc（pH 5.2），12000 rpm 离心 20 min，吸去上清。

⑩ 70%乙醇和无水乙醇各洗沉淀一次。

⑪ 将试管倒转在吸水纸上自然风干沉淀物，溶于小体积的 TE 中，在−20℃保存。

(2) RAPD 反应

扩增反应使用 20 μL 体系。

① dATP、dCTP、dGTP 和 dTTP 各 200 μm，共 1.5 μL dNTPs 混合样品。

② 随机引物各 1 μL，引物浓度为 0.25 μm。

③ 10×RAPD 扩增缓冲液（含 20 mm $MgCl_2$）2 μL。

④ Taq DNA 聚合酶 1U，0.2 μL。

⑤ 2 μL 模板 DNA。

⑥ 其余体积用纯水补。

(3) 扩增条件

① 94℃ 1 min；37℃ 1 min，72℃ 2 min，5 个循环；

② 94℃ 0.5 min，37℃ 1.5 min，72℃ 1.5 min，40 个循环；

③ 72℃延伸 5 min，4℃保存。

扩增反应在 MyGenie32 Thermal Block PCR 热循环仪上进行，扩增产物在 1.4%的琼脂糖凝胶及 1×TAE 缓冲液中以 110V 的电压下电泳 1～1.5 h。EB 染色后，凝胶成像仪上检测、照相。

根据具多态性的 RAPD 谱带的有无（存在 present＝1，不存在 absent＝0），采用 SPSS10.0 统计软件，按照欧几里德距离平方（squared euclidean distance）进行计算和聚类分析，比较不同菌株间的亲缘关系。

PCR 扩增 DNA 片段只是一个重要手段，扩增片段的检测和分析才是目的，根据研究对象和目的的不同而采用不同的分析法。琼脂糖凝胶电泳可鉴定扩增产物的大小；点杂交技术除可鉴定扩增产物外，还有助于产物的分型；Southern 杂交分析可从非特异扩增产物中鉴定出特异产物的大小，增加检测的特异性与敏感性；最近发展的一系列产物分析法（PCR-ELISA、PCR-EIA、PCR-OLA 等）均有助于 PCR 产物的精确分析。

【注意事项】

（1）引物的质量是保证 PCR 特异性的关键，引物过长或过短均会使特异性降低，以 18～30 bp 为宜；引物中 C+G 含量宜在 50%左右；引物内部和引物之间不应含有互补序列；引物的碱基顺序与非扩增区域的同源性应小于 70%；引物的 3′末端与模板 DNA 一定要配对，但末端没有严格的限制，故引物设计时可在 5′末端加上限制酶位点和（或）启动密码 ATG 等；引物合成后必须纯化以去除杂质；引物的终浓度一般为 0.2～0.5 μmol/L，过低会影响反应产量，过高会增加引物二聚或错配的几率。

（2）Taq DNA 聚合酶具有 5′→3′聚合酶活性和 5′→3′外切酶活性，但无 3′→5′外切酶活性，因此对单核苷酸的错配无校正功能，发生碱基错配的几率为 2.1×10^{-4} 左右。然而，Taq DNA 聚合酶的优势在于反应产量高于其他 DNA 聚合酶。

（3）Mg^{2+} 浓度也是影响反应效率和特异性的重要因素之一。Taq DNA 聚合酶对 Mg^{2+} 浓度非常敏感，Mg^{2+} 可与模板 DNA、引物及 dNTP 等的磷酸根结合，不同反应体系中应适当调整 $MgCl_2$ 的浓度。一般以比 dNTP 总浓度高出 0.5～1.0 mmol/L 为宜，Mg^{2+} 过量能增加非特异扩增。

（4）dNTP 的浓度过高会增加碱基的错误掺入率，使反应特异性下降；过低，则会导致反应速度下降。使用时 4 种 dNTP 浓度必须相匹配。均衡的 dNTP 有利于减少错配误差和提高使用效率。

（5）温度循环参数中应特别注意复性温度，它决定引物与模板的特异性结合。在允许的范围内，选择较高的退火温度可大大减少引物与模板之间的非特异结合。

（6）减低污染的常规措施：

① 将试剂、PCR 产物及其他分子生物学试剂分开放置；

② 应保持样品制备、PCR 反应液配制与 PCR 产物分析三个工作区的独立性；

③ 使用阳性和阴性对照；

④ 使用高质量的水配制 PCR 实验的所有反应试剂；

⑤ 配制好的 PCR 反应试剂应分成小包装储存，每个包装仅用于单次实验；

⑥ 制备样品、配制试剂及反应液时必须戴手套；

⑦ 实验前一定要认真清洁加样器等。

作业及思考题

（1）分析扩增出的 DNA 图谱，撰写实验报告。

（2）谈谈 RAPD 分析操作过程中的关键步骤。

（3）分析哪些因素影响其扩增结果。

附录　植物病理学实验常用培养基、溶液和缓冲液

一、植物病原菌物常用培养基

培养基名称	使用范围	配　　方	配制方法
马铃薯葡萄糖琼脂培养基(简称 PDA 培养基)	这是植物病理学最常用的培养基,主要用于病原菌物的分离和培养,有时也用于细菌的培养。	去皮马铃薯 200 g,葡萄糖 20 g,琼脂15～20 g,蒸馏水 1000 mL。如果用蔗糖代替葡萄糖,配制的培养基称为 PSA 培养基。	将马铃薯洗净去皮,称量,切成小块,放入锅中,加蒸馏水 1000 mL,煮沸30 min,稍冷后用四层纱布滤去马铃薯,将滤液倒入量杯中,加入琼脂,加热,搅动使其融化,然后加入葡萄糖,充分溶解后,加水定容至 1000 mL。分装试管或三角瓶中,121℃灭菌 20 min。
燕麦片琼脂培养基(OA 培养基)	可促使某些菌形成孢子,便于鉴定,也适用于腐霉、疫霉等菌种的保存,适当加大琼脂的量,不易失水,能用于较长时间的培养和保存。	燕麦片 30 g,琼脂20～30 g,蒸馏水 1000 mL。	称取燕麦片 30 g,加水 1000 mL,微火煮 1 h,用纱布过滤,将滤液放回容器中,加入琼脂,加热融化,加水定容至 1000 mL,分装试管或三角瓶后,常规灭菌。
玉米粉琼脂培养基(MA 培养基)	常用于菌种的保存,可促使有些菌在此培养基上产生孢子或子实体。	玉米粉 30 g,琼脂15～20 g,蒸馏水 1000 mL。	同上。(玉米粉代替燕麦片)
查氏(Czapek)组合培养基	常用于病原菌的培养和不同培养基生长状况的比较。	$NaNO_3$ 2 g,K_2HPO_4 1 g,KCl 0.5 g,$MgSO_4$ 0.5 g,$FeSO_4$ 0.01 g,蔗糖 30 g,琼脂 15～20 g,蒸馏水 1000 mL。	按照以上的次序,将各种成分溶于水中,调节酸碱度,(按照实验要求),然后分装试管或三角瓶中,121℃灭菌 20 min,不加琼脂则为查氏培养液,为了减少沉淀,可以将磷酸盐分别灭菌,等冷却后在无菌的条件下加入培养基中即可。
麦芽膏琼脂培养基	常用于酵母菌和高等担子菌等的分离培养。	麦芽膏 25 g,琼脂15～20 g,蒸馏水 1000 mL。	将称好的琼脂加入水中,加热融化;另称取麦芽膏,溶于少量热水后与琼脂混匀,然后加水定容至 1000 mL,分装试管或三角瓶中,灭菌备用。

续表

培养基名称	使用范围	配　　方	配制方法
植物组织和煎汁培养基(马铃薯胡萝卜琼脂培养基,PCA培养基)	常用于一些难分离菌的分离培养,以及菌种的保存,许多植物材料如叶片、茎干、种子等,可以放在试管中,加一定量的水灭菌后即能作为培养基用,如小麦粒培养基,玉米粒培养基等,植物煎汁也是很好的培养基,可以满足一般微生物的要求,各种植物的煎汁都可以用,如加琼脂后制成固体培养基。	马铃薯 20 g,胡萝卜 20 g,琼脂 15～20 g,蒸馏水 1000 mL。	称取去皮马铃薯和胡萝卜,切成小块,加水 800 mL,煮沸 30 min,用纱布过滤,再加入琼脂,加热至融化,再补足 1000 mL 蒸馏水。分装试管或三角瓶后常规灭菌备用。

二、细菌常用培养基

培养基名称	使用范围	配　　方	配制方法
营养琼脂培养基,又称为肉汁胨培养基,简称NA培养基	主要用于细菌的分离和培养,也可以用于菌种的纯化和保存。	蛋白胨 5～10 g,牛肉浸膏 3 g,葡萄糖 10 g,酵母粉 1 g,琼脂 15～20 g,蒸馏水 1000 mL;pH 调至 7.0～7.2,不加琼脂就可配制成 NA 营养液。	将称好的琼脂放入水中加热融化;另称取蛋白胨、牛肉浸膏、酵母粉和葡萄糖,溶入少量热水后混匀,然后加水定容至 1000 mL,用 NaOH 或 HCl 调节 pH。分装试管或三角瓶后,121℃灭菌 20 min。灭菌后酸度可能有些变化,如果做严格研究工作,还需重新调整;如果琼脂改为 3～5 g,即为半固体培养基。
Luria-Bertani 培养基,简称 LB 培养基	该培养基营养较充分,主要用于欧文氏菌、假单胞菌、黄单胞菌等细菌的分离、培养和保存。	酵母粉 5 g,胰蛋白胨 10 g,NaCl 10 g,琼脂 16～18 g,蒸馏水 1000 mL;pH 7.2～7.4,不加琼脂则为 LB 液体培养基。	将称好的琼脂放入水中加热融化;另称取酵母粉、胰蛋白胨和 NaCl,溶于少量热水后与琼脂混匀,然后加水定容至 1000 mL,按照上述方法调节 pH。分装灭菌即可。
蛋白胨水培养基	主要用于细菌的糖、醇发酵实验,也可用于细菌的硝酸盐还原实验和噬菌体实验。	蛋白胨 1 g,NaCl 0.5 g,蒸馏水1000 mL,pH 7.2～7.4。	先称取蛋白胨和 NaCl,溶于少量热水,调节 pH 后加入溴甲酚紫(1.6%水溶液),待呈紫色,再加入糖、醇或 KNO_3,溶解,然后加水定容至 100 mL,至终浓度为 0.1%～0.2%。分装试管后,最后将杜氏小管倒置放入试管中(观察实验中是否产气)。121℃灭菌20 min。

三、植物线虫常用培养基

培养基名称	使用范围	配　方	配制方法
卵磷脂琼脂培养基	一些兼性寄生的小杆属线虫和垫刃属线虫可以在此培养基上单独培养。	$MgSO_4 \cdot 7H_2O$ 0.75 g，K_2HPO_4 0.75 g，NaCl 2.75 g，KNO_3 3 g，卵磷脂 1 g，酵母粉 1 g，蛋白胨 2.5 g，琼脂 15～20 g，蒸馏水 1000 mL；pH 7.2。	卵磷脂溶于无水乙醇中，然后按配方次序，将各种成分溶解于水中，定容至 1000 mL，用 NaOH 调节 pH。然后分装灭菌备用。
麦芽膏琼脂培养基	常用于一些小杆属线虫和一些植物寄生线虫的培养。	麦芽粉 20 g，琼脂20～30 g，蒸馏水 1000 mL；pH 7.2。	称取麦芽粉 20 g，加入 1000 mL 蒸馏水中，用小火煮沸 1 h，用纱布过滤；加入称好的琼脂，加热融化；然后加水定容至 1000 mL，分装试管或三角瓶后，常规灭菌备用。接种线虫时，可在接种点旁放一些灭菌的马铃薯碎片。
菌物上培养线虫	一些种类的植物寄生线虫可以在菌物上培养繁殖，培养线虫最多的是灰葡萄孢。培养菌物常用玉米粉琼脂培养基，配制方法同前。培养基制成平板，接种菌物后在 24℃条件下培养，待平板长满菌丝后再接线虫，在 24℃下继续培养。		

四、土壤微生物常用培养基

培养基名称	使用范围	配　方	配制方法
淀粉琼脂培养基，又称高氏 1 号培养基	常用于分离培养土壤中的放线菌等微生物。	可溶性淀粉 20 g，K_2HPO_4 0.5 g，$MgSO_4 \cdot 7H_2O$ 0.5 g，KNO_3 1 g，NaCl 0.5 g，$FeSO_4$ 0.01 g，琼脂 20 g，蒸馏水 1000 mL；pH 7.2～7.4。	在烧杯中加蒸馏水 950 mL，加热至沸腾，称取可溶性淀粉，用 50 mL 蒸馏水调成糊状，倒入沸水中搅匀。再称取其他药品。依次加入烧杯中(待一种药品溶解后，再加入第二种药品)。等全部药品溶解后，停止加热，然后加水定容至 1000 mL，用 NaOH 调节至所需 pH，分装试管或三角瓶中，灭菌备用。
土壤浸渍液琼脂培养基	本培养基可以用于培养许多土壤微生物。	土壤浸液 100 mL，琼脂 15～20 g，蒸馏水 1000 mL；pH 7.2。	称取约 1 kg 土壤，加 1000 mL 水，高压蒸汽灭菌 30 min，用双层滤纸过滤，再加入琼脂，加热融化，补足失水，分装到试管或三角瓶中，常规灭菌备用。

五、植物病理学常用溶液和缓冲液

1. 常用玻璃器皿洗涤液

(1) 铬酸洗涤液

这是实验室最常用的玻璃器皿洗涤液。可以分为浓溶液和稀溶液两种,配方及配制方法如下。

浓溶液	重铬酸钾或重铬酸钠(工业用) 浓硫酸(工业纯) 自来水	60 g 60 mL 300 mL	将重铬酸钾溶解在温水中,完全冷却后再把浓硫酸徐徐加入并不断搅拌(注意:切不可将重铬酸钾液倒入浓硫酸中!)。配制好的洗液颜色呈橘红色,浓厚,强腐蚀性,并有均匀的红色小结晶。配好的洗液储存于有盖玻璃容器中,以防氧化变质。
稀溶液	重铬酸钾或重铬酸钠(工业纯) 浓硫酸(工业纯) 自来水	60 g 60 mL 1000 mL	

(2) 高锰酸钾溶液

5%高锰酸钾溶液是很好的洗涤液,特别是在加酸和加热的情况下,它的氧化和去污能力更强。使用的方法是将高锰酸钾溶液加在需要洗涤的器皿中,加入浓硫酸少许(10 mL 溶液加浓硫酸 3~5 mL),加热至温度 50~60℃,玻璃器皿经过高锰酸钾洗涤后,必须用清水洗净,有时玻璃器皿会遗留一些褐色物质,可用草酸溶液洗去。

(3) 肥皂及其他洗涤剂

肥皂水是很好的去污剂,热肥皂水的去污能力更强。油脂太多的器皿,用吸水纸先将油污擦去,再用肥皂水洗。10%磷酸钠溶液去污、去油脂的能力很强,比用肥皂洗更加洁净。目前市售的合成洗涤剂去污、去油脂的效果更好,也更为方便,其用途和用法与肥皂相同。

2. 常用的消毒剂

(1) 植物组织表面消毒剂

是用来杀死和减少病组织表面的腐生菌,保证组织成功分离的关键。由于病原菌的敏感性不同,选择适宜的消毒剂是十分重要的。常用的消毒剂及配方如下。

0.1%升汞溶液	升汞片 1 g,蒸馏水 1000 mL
70%乙醇	95%乙醇 70 mL,蒸馏水 25 mL
3%过氧化氢溶液	30%过氧化氢原液 100 mL,蒸馏水 900 mL
漂白粉溶液	漂白粉 10 g,蒸馏水 140 mL,使用前临时配

(2) 其他消毒剂

无菌培养室、无菌操作箱、工作台以及操作工具等的消毒可根据需要选择不同的消毒剂。常用的有以下几种。

5%苯酚溶液	苯酚 5 g,蒸馏水 100 mL
福尔马林溶液(5%甲醛)	33%甲醛原液 100 mL,蒸馏水 600 mL
2%来苏尔液	煤酚皂(含煤酚 47%~53%)40 mL,蒸馏水 960 mL
0.25%新洁尔灭	5%苯扎溴铵 50 mL,蒸馏水 950 mL
消毒碘酒	碘 20 g,碘化钾 8 g,95%乙醇 500 mL,蒸馏水 500 mL

3. 常用缓冲液

(1) 磷酸盐缓冲液(0.2 mol·L^{-1})

根据不同 pH,将不同容量的磷酸氢二钠和磷酸二氢钠按照下表配制,其中 Na_2HPO_4·$2H_2O$ 相对分子质量为 178.05, 0.2 mol·L^{-1}溶液含 35.61 g·L^{-1}, NaH_2PO· H_2O 相对分子质量为138.01, 0.2 mol·L^{-1}溶液含 27.6 g·L^{-1}。

pH	0.2 mol·L^{-1} 磷酸氢二钠/mL	0.2 mol·L^{-1} 磷酸二氢钠/mL	pH	0.2 mol·L^{-1} 磷酸二氢钠/mL	0.2 mol·L^{-1} 磷酸氢二钠/mL
5.8	8.0	92.0	7.0	61.0	39.0
5.9	10.0	90.0	7.1	67.0	33.0
6.0	12.3	87.7	7.2	72.0	28.0
6.1	15.0	85.0	7.3	77.0	23.0
6.2	18.5	81.5	7.4	81.0	19.0
6.3	22.5	77.5	7.5	84.0	16.0
6.4	26.5	73.5	7.6	87.0	13.0
6.5	31.5	68.5	7.7	89.5	10.5
6.6	37.5	62.5	7.8	91.5	8.5
6.7	43.5	56.5	7.9	93.0	7.0
6.8	49.0	51.0	8.0	94.7	5.3
6.9	55.0	45.0			

(2) Tris-盐酸缓冲液

50 mL 0.1 mol·L^{-1}三羟甲基氨基甲烷(Tris)溶液与一定体积的 0.1 mol·L^{-1}盐酸混匀后,加水稀释至 100 mL。根据不同的要求,按照所需 pH,直接按照下面表格配制即可。

pH	0.1 mol·L^{-1}盐酸/mL	pH	0.1 mol·L^{-1}盐酸/mL
7.1	45.7	8.1	26.2
7.2	44.7	8.2	22.9
7.3	43.4	8.3	19.9
7.4	42.0	8.4	17.2
7.5	40.3	8.5	14.7
7.6	38.5	8.6	12.4
7.7	36.6	8.7	10.3
7.8	34.5	8.8	8.5
7.9	32.0	8.9	7.0
8.0	29.2		

(3) 柠檬酸-柠檬酸钠缓冲液(0.1 mol·L^{-1})

先称取柠檬酸($C_6H_8O_7$·H_2O)21.01 g 和柠檬酸钠($Na_3C_6H_5O_7$·H_2O)29.41 g,分别溶于 1000 mL 水中,配制成 0.1 mol·L^{-1}的母液,然后按照下表配制。

pH	0.1 mol·L^{-1}柠檬酸/mL	0.1 mol·L^{-1}柠檬酸钠/mL
3.0	18.6	1.4
3.2	17.2	2.8
3.4	16.0	4.0
3.6	14.9	5.1
3.8	14.0	6.0
4.0	13.1	6.9
4.2	12.3	7.7
4.4	11.4	8.6
4.6	10.3	9.7
4.8	9.2	10.8
5.0	8.2	11.8
5.2	7.3	12.7
5.4	6.4	13.6
5.6	5.5	14.5
5.8	4.7	15.3
6.0	3.8	16.2
6.2	2.8	17.2
6.4	2.0	18.0
6.6	1.4	18.6

参考文献

(1) 许志刚. 普通植物病理学实验指导(第 3 版). 北京：中国农业出版社，2002.

(2) 孙广宇，宗兆峰. 植物病理学实验技术. 北京：中国农业出版社，2002.

(3) 陆家云. 植物病害诊断(第 2 版). 北京：中国农业出版社，1997.

(4) 许文耀. 普通植物病理学实验指导. 北京：科学出版社，2006.

(5) 李洪连，徐敬友. 农业植物病理学实验实习指导. 北京：中国农业出版社，2007.

(6) 许志刚. 普通植物病理学(第四版). 北京：高等教育出版社，2009.

(7) 许志刚. 普通植物病理学实验实习指导(第二版). 北京：高等教育出版社，2008.

(8) 沈萍，范秀容，李广武. 微生物学实验(第三版). 北京：高等教育出版社，1999.

(9) 商鸿生. 植物免疫学实验. 北京：中国农业出版社，1991.

(10) 方中达. 植病研究方法(第三版). 北京：中国农业出版社，1996.

(11) 谢联辉. 普通植物病理学. 北京：科学出版社，2008.

(12) 刘大群，董金皋. 植物病理学导论. 北京：科学出版社，2007.

(13) Agrios. Plant Pathology(five edition)，New York:Academic Press，2005.

(14) 任欣正. 植物病原细菌的分类和鉴定. 北京：中国农业出版社，1992.

(15) 方中达. 植病研究方法(第三版). 北京：中国农业出版社，1998.

(16) 沈萍，陈向东. 微生物学实验(第 4 版). 北京：高等教育出版社，2007.

(17) 吴会桃，蔡芷荷，吴清平等. 细菌鉴定系统的应用研究进展. 中国卫生检验杂志，2010，20(9)：2381—2384.

(18) 赵斌，何绍江. 微生物学实验. 北京：科学出版社，2002.

(19) http://shiyan.ebioe.com/PCR-polymerase-chain-reaction1.htm.

蚕豆白粉病

大白菜软腐病

大麦黄矮病

大麦条纹病

番瓜瓜腐病

大麦坚黑穗

番茄白粉病

甘蓝霜霉病

辣椒疫病

大麦散黑穗

苹果锈果病

茄子灰霉病

三叶草白粉病

三叶草菟丝子

三叶草锈病

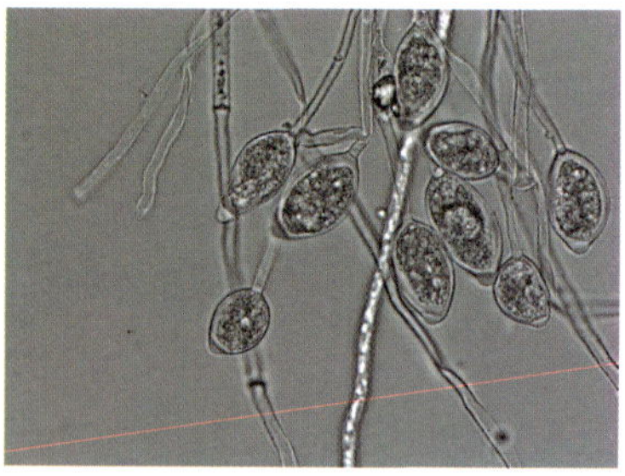
晚疫病菌孢子囊

万寿菊花叶病

万寿菊叶斑病

西葫芦白粉病

西葫芦灰霉病

小麦条锈

杏褐腐

柑橘青霉

梨青霉腐烂

马铃薯疮痂病

马铃薯晚疫病

马铃薯早疫病

苜蓿叶斑病

苹果白粉病

苹果褐腐病

苹果黑星病

苹果锈病

苹果锈病叶背症状

玉米大斑病

玉米大斑危害果穗

洋葱霜霉病

玉米丝黑穗在叶上症状

玉米丝黑穗

玉米瘤黑粉病

玉米锈病

马铃薯黑痣病

黄瓜黑星病

麦散黑穗病